PAUL IHLMANN

Slow Cooker

· KOCHBUCH ·

Email: info@edition-lunerion.de
www.edition-lunerion.de

Psiana eCom UG
Berumer Str. 44
26844 Jemgum

Vorwort

Sie haben Lust auf schmackhaft Selbstgekochtes, wollen aber nicht stundenlang am Herd stehen? Dann ist der Slow Cooker Ihr perfekter Verbündeter, denn mit diesem einzigartigen Gerät wird Kochen so einfach wie nie zuvor – und welch vielfältige Leckereien Sie damit auf den Teller zaubern können, zeigt Ihnen dieses Kochbuch!

Klein schneiden, einfach alles hinein in den Topf, einschalten – und das war's auch schon fast: Denn nun brauchen Sie nur noch Zeit und die restliche Arbeit nimmt Ihnen der Slow Cooker ab, der Ihre Kreation langsam und schonend gart. Dabei erhält er nicht nur wertvolle Inhaltsstoffe, sondern sorgt auch für besonders aromatischen Geschmack bei saftig-zarter Konsistenz und schont Ihre Nerven beim Abwasch. Wie Sie auf diese Weise vom Frühstück über herzhafte Suppen und Eintöpfe bis hin zu deftigen Hauptgerichten aller Art unkompliziert die verschiedensten Leckereien zubereiten können, finden Sie in der großen Rezeptauswahl heraus, denn Sie entdecken Schlemmereien für Fleischfans, Fischliebhaber, Veggies, Freunde der leichten Küche und sogar Naschkatzen.

Guten Appetit!

INHALT

Slow Cooking leicht gemacht

Der Slow Cooker, auch bekannt als Slow Cooker, ist ein praktisches Küchengerät, das beim Zubereiten von Mahlzeiten Zeit und Mühe sparen kann. Mit einem Slow Cooker kann man eine Vielzahl von Gerichten zubereiten, von Suppen und Eintöpfen bis hin zu Fleischgerichten und vegetarischen Gerichten. Die Zubereitung von Mahlzeiten im Slow Cooker ist besonders einfach und praktisch, da man nur alle Zutaten in den Topf geben und dann den Slow Cooker die Arbeit machen lassen muss. In diesem Zusammenhang gibt es eine Vielzahl von Rezepten, die speziell für den Slow Cooker entwickelt wurden und die es ermöglichen, köstliche und nahrhafte Mahlzeiten in kurzer Zeit und mit minimalem Aufwand zuzubereiten.

Gerade, wenn Sie für eine große Familie, für eine Feier mit Freunden oder eine andere Gelegenheit, bei der viele Menschen an den Tisch kommen, kochen möchten, macht es Ihnen der Slow Cooker einfacher. Im Grunde können Sie fast alle Zutaten im Slow Cooker verarbeiten und es gibt nur ein paar wenige Ausnahmen, beziehungsweise Tipps, auf die Sie achten sollten:

Nudeln und Reis: Diese können im Slow Cooker zu weich oder matschig werden.

Fisch: Fischgerichte sollten eher kurz und bei höherer Temperatur gegart werden, um eine zarte Konsistenz zu gewährleisten.

Frisches Gemüse: Einige Gemüsesorten wie Brokkoli, Zucchini und Paprika können schnell zerfallen, wenn sie im Slow Cooker zu lange gegart werden. Es ist besser, sie später hinzuzufügen oder sie vorher anzubraten.

Milchprodukte: Milchprodukte wie Sahne und Käse können im Slow Cooker gerinnen oder sich trennen, wenn sie zu lange gekocht werden.
Zarte Kräuter: Zarte Kräuter wie Petersilie und Koriander sollten erst kurz vor dem Servieren hinzugefügt werden, da sie sonst ihren Geschmack und ihre Textur verlieren können.

Die Kochzeit im Slow Cooker hängt von verschiedenen Faktoren ab, wie der Größe des Slow Cookers, der Menge an Zutaten, der Art der Zutaten und der gewählten Temperatur. Im Allgemeinen dauert es jedoch mehrere Stunden, um die Zutaten im Slow Cooker vollständig zu garen und die Aromen zu entfalten. Die meisten Rezepte geben spezifische Kochzeiten und Temperatureinstellungen an, die je nach Gericht variieren können. Im Durchschnitt dauert das Kochen von Fleischgerichten im Slow Cooker etwa 4–8 Stunden auf niedriger Stufe oder 2–4 Stunden auf hoher Stufe. Gemüsegerichte benötigen in der Regel weniger Zeit und können je nach Rezept innerhalb von 2–4 Stunden auf niedriger Stufe oder 1–2 Stunden auf hoher Stufe gegart werden.

Der Slow Cooker hat die Hauptfunktion, Lebensmittel durch langsames und schonendes Garen über einen längeren Zeitraum hinweg zu kochen. Dadurch können Aromen und Nährstoffe besser erhalten bleiben und das Essen wird besonders zart und saftig. Einige Modelle verfügen auch über Zusatzfunktionen wie eine Warmhaltefunktion oder eine Zeitschaltuhr.

Der Slow Cooker wurde erstmals in den 1970er Jahren in den USA entwickelt und hergestellt. Der genaue Ursprung des Slow Cookers ist jedoch unklar und es gibt verschiedene Theorien darüber, wer ihn erfunden hat. Einige sagen, dass er aus der Idee eines französischen Kochs namens Auguste Escoffier stammt, der in den 1930er Jahren eine Methode entwickelte, um Lebensmittel auf niedriger Hitze zu kochen. Andere glauben, dass es von einem Mann namens Irving Naxon erfunden wurde, der in den 1940er Jahren ein Patent auf einen elektrischen Schmortopf namens „Naxon Beanery“ erhielt. Wie auch immer, der Slow Cooker hat sich seitdem zu einem beliebten Haushaltsgerät entwickelt, das es den Menschen ermöglicht, gesunde und leckere Mahlzeiten auf einfache und bequeme Weise zuzubereiten.

Obwohl der Ursprung des Slow Cookers in den USA liegt, wird er mittlerweile weltweit eingesetzt. In den USA und Kanada ist der Slow Cooker seit den 1970er Jahren sehr populär und hat sich als praktisches Gerät zum Zubereiten von herzhaften Eintöpfen, Suppen und Schmorgerichten etabliert. In Lateinamerika ist das ähnliche Gerät „olla de cocción lenta" weit verbreitet, während in Europa der „Slow Cooker" immer beliebter wird und vor allem in Großbritannien und Irland sehr beliebt ist. In Asien wird der Slow Cooker oft als Reiskocher verwendet und in Indien und Pakistan ist das ähnliche Gerät „Handi" sehr beliebt, das traditionell zum Schmoren von Fleischgerichten verwendet wird. Insgesamt ist der Slow Cooker ein vielseitiges Küchengerät, das in vielen verschiedenen Kulturen verwendet wird.

Überzeugen Sie sich selbst und genießen Sie die folgende, wunderbare Auswahl an Gerichten!

Frühstück

PORRIDGE MIT BEEREN UND NÜSSEN

1 Port.

6 Std.

Leicht

Zutaten

150 g Haferflocken
1 l Wasser
150 ml Milch (kann durch pflanzliche Milchalternativen ersetzt werden)
1 Prise Salz

Optional:
1 TL Zimt
2 EL Honig oder Ahornsirup
Früchte, Nüsse oder Beeren zum Garnieren

Nährwerte p. P.

250 kcal
43 g Kohlenhydrate
5 g Fett
8 g Protein

1 Sie können die Haferflocken in den Slow Cooker geben und mit Wasser, Milch, Salz, Zimt und Honig oder Ahornsirup vermischen.

2 Stellen Sie den Slow Cooker auf niedrig und lassen Sie den Porridge 6-8 Stunden köcheln.

3 Anschließend können Sie den Porridge nach Belieben garnieren und servieren.

PALEO

4 Port.

6 Std.

Leicht

Zutaten

½ Pfund Rindfleischwürfel
2 EL Kokosöl
1 große Zwiebel, gewürfelt
4 Knoblauchzehen, gehackt
4 Möhren, geschält und in Scheiben geschnitten
4 Selleriestangen, in Scheiben geschnitten
Je 1 TL getrockneter Thymian und Oregano
1 TL gemahlener Kreuzkümmel
1 TL Paprika
1 TL Salz
½ TL schwarzer Pfeffer
2 Dosen (je 14,5 Unzen) gehackte Tomaten
600 ml Rinderbrühe
1 kleiner Blumenkohl, in kleine Röschen gebrochen
1 Tasse grüne Bohnen, in kleine Stücke geschnitten
2 EL frische Petersilie, gehackt

Nährwerte p. P.

380 kcal
18 g Kohlenhydrate
19 g Fett
33 g Protein

1 Sie können das Kokosöl in einer Pfanne erhitzen und das Rindfleisch darin anbraten, bis es von allen Seiten braun ist. Anschließend können Sie das Rindfleisch in den Slow Cooker geben und die Zwiebel, den Knoblauch, die Möhren, den Sellerie sowie Thymian, Oregano, Kreuzkümmel, Paprika, Salz und Pfeffer hinzufügen.

2 Fügen Sie dann die gehackten Tomaten und die Rinderbrühe hinzu und vermischen Sie alles gut. Stellen Sie den Slow Cooker auf niedrig und lassen Sie den Eintopf 6-8 Stunden köcheln.

3 30 Minuten vor dem Servieren können Sie den Blumenkohl und die grünen Bohnen hinzufügen und weiterkochen lassen, bis sie weich sind. Zum Schluss können Sie den Eintopf mit gehackter Petersilie garnieren und servieren.

FRÜHSTÜCKSBOWL MIT CRANBERRYS

 1 Port.

 6 Std.

 Leicht

Zutaten

100 g Haferflocken
100 ml Mandelmilch
100 ml Wasser
2 EL Honig
1 TL Vanilleextrakt
1 TL Zimt
1 Apfel, geschält und gewürfelt
½ Tasse gehackte Walnüsse
½ Tasse getrocknete Cranberrys

Nährwerte p. P.

410 kcal
58 g Kohlenhydrate
16 g Fett
10 g Protein

1 Geben Sie Haferflocken, Mandelmilch, Wasser, Honig, Vanilleextrakt und Zimt in den Slow Cooker und vermischen Sie alles gut.

2 Fügen Sie den gewürfelten Apfel, die gehackten Walnüsse und die getrockneten Cranberrys hinzu und rühren Sie alles noch einmal gut durch.

3 Stellen Sie den Slow Cooker auf niedrig und lassen Sie die Frühstücksbowl 6 – 8 Stunden köcheln.

4 Rühren Sie die Mischung gelegentlich um, um sicherzustellen, dass sie gleichmäßig gegart wird.

5 Sobald die Haferflocken weich und cremig sind, können Sie die Frühstücksbowl in Schüsseln servieren.

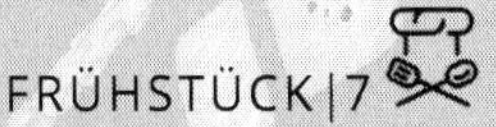

HASH BROWNS

2 Port.

8 Std.
10 Min.

Leicht

Zutaten

4 große Kartoffeln, geschält und gerieben
1 Zwiebel, fein gehackt
1 TL Salz
½ TL Pfeffer
50 g geschmolzene Butter
100 g Tasse geriebener Cheddarkäse

Nährwerte p. P.

230 kcal
21 g Kohlenhydrate
14 g Fett
6 g Protein

1 Geben Sie die geriebenen Kartoffeln und die gehackte Zwiebel in eine Schüssel und würzen Sie sie mit Salz und Pfeffer. Rühren Sie alles gut um.

2 Gießen Sie die geschmolzene Butter auf den Boden des Slow Cookers. Verteilen Sie die Kartoffelmischung auf der Butter und drücken Sie sie mit einem Löffel flach.

3 Geben Sie den geriebenen Cheddarkäse auf die Kartoffelmischung.

4 Stellen Sie den Slow Cooker auf niedrige Hitze und lassen Sie die Hash Browns 6 – 8 Stunden lang kochen.

5 Wenn sie fertig sind, sollten die Hash Browns knusprig und goldbraun sein.

GESUNDE PALATSCHINKEN

2 Port.

3 Std.

Leicht

Zutaten

500 g Mehl
2 TL Backpulver
1 TL Salz
2 TL Zucker
500 ml Milch
2 Eier
50 g geschmolzene Butter
Kochspray

Optional:
frisches Obst oder Ahornsirup

Nährwerte p. P.

273 kcal
12 g Fett
32 g Kohlenhydrate
7 g Protein

1 Mischen Sie in einer Schüssel Mehl, Backpulver, Salz und Zucker. Verquirlen Sie in einer anderen Schüssel Milch, Eier und geschmolzene Butter.

2 Geben Sie die Milchmischung langsam zur Mehlmischung und verrühren Sie alles gut.

3 Sprühen Sie den Slow Cooker mit Kochspray ein. Gießen Sie etwa ¼ Tasse des Teigs in den Slow Cooker und kochen Sie die Palatschinken 2-3 Stunden lang auf niedriger Stufe.

4 Wenn die Palatschinken fertig sind, können Sie sie mit Ahornsirup oder frischem Obst servieren.

QUARKFRÜHSTÜCK MIT FRISCHEM OBST

2 Port.

4 Std.

Leicht

Zutaten

500 g Magerquark
4 Eier
50 ml Milch
50 ml Honig
1 TL Vanilleextrakt
1 TL Zimt
Prise Salz
Kochspray

Optional:
frisches Obst zum Servieren

Nährwerte p. P.

210 kcal
6 g Fett
24 g Kohlenhydrate
18 g Protein

1 Alle Zutaten, außer dem Obst, in einer Schüssel verquirlen. Den Slow Cooker mit Kochspray einsprühen.

2 Die Quark-Mischung in den Slow Cooker geben und auf niedriger Stufe 3-4 Stunden kochen lassen. Wenn das Frühstück fertig ist, können Sie es mit frischem Obst garnieren und servieren.

FRÜHSTÜCKS-SEMMEL

2 Port.

4 Std.

Leicht

Zutaten

4 Semmeln (Brötchen)
4 Eier
100 ml Milch
100 Tasse geriebener Käse
4 Scheiben Schinken oder Speck, gewürfelt
Salz und Pfeffer nach Geschmack
Kochspray

Nährwerte p. P.

380 kcal
28 g Kohlenhydrate
19 g Fett
23 g Protein

1 Bitte halbieren und höhlen Sie die Semmeln längs aus, um Platz für die Füllung zu schaff. In einer Schüssel können Sie die Eier und die Milch verquirlen und dann den geriebenen Käse sowie die gewürfelten Schinken- oder Speckstücke hinzufügen. Alles gut mischen und mit Salz und Pfeffer abschmecken.

2 Verteilen Sie die Mischung nun gleichmäßig auf den ausgehöhlten Semmelhälften und setzen Sie die Hälften wieder zusammen. Sprühen Sie den Slow Cooker mit Kochspray ein und legen Sie die gefüllten Semmeln hinein. Kochen Sie sie für 3 – 4 Stunden auf niedriger Stufe, bis die Eier vollständig gestockt sind. Zum Servieren können Sie die Semmeln aus dem Slow Cooker nehmen.

FRÜHSTÜCKSWAFFELN MIT BLAUBEEREN

 4 Port.

 3 Std.

 Leicht

Zutaten

500 g Allzweckmehl
2 TL Backpulver
1 TL Salz
100 g Zucker
400 ml Milch
2 Eier
½ Tasse geschmolzene Butter
1 TL Vanilleextrakt
Kochspray

Optional:
1 Tasse Blaubeeren oder Schokoladenstückchen

Nährwerte p. P.

270 kcal
32 g Kohlenhydrate
13 g Fett
5 g Protein

1 In einer großen Schüssel vermengen Sie Mehl, Backpulver, Salz und Zucker. In einer separaten Schüssel verquirlen Sie Milch, Eier, geschmolzene Butter und Vanilleextrakt.

2 Geben Sie die nassen Zutaten zur trockenen Mischung und vermengen Sie alles gut, bis ein gleichmäßiger Teig entsteht. Optional können Sie Blaubeeren oder Schokoladenstückchen in den Teig geben.

3 Sprühen Sie den Slow Cooker mit Kochspray ein und geben Sie den Teig hinein. Lassen Sie alles auf niedriger Stufe für 2 - 3 Stunden kochen, bis die Waffeln durchgegart sind.

4 Nehmen Sie die Waffeln aus dem Slow Cooker und servieren Sie diese.

POUTINE MIT PETERSILIE UND EI

4 Port.

8 Std.
15 Min.

Leicht

Zutaten

4 große Kartoffeln, geschält und in Pommes frites geschnitten
1 Packung Frühstücksbratwürste, gehackt
1 Zwiebel, gewürfelt
2 Knoblauchzehen, gehackt
1 Tasse Hühnerbrühe
2 EL Maisstärke
1 Tasse geriebener Cheddarkäse
4 Eier
2 EL gehackte Petersilie
Salz und Pfeffer nach Geschmack

Nährwerte p. P.

533 kcal
42 g Kohlenhydrate
28 g Fett
27 g Protein

1 Legen Sie die Kartoffelpommes in den Slow Cooker und fügen Sie die gehackten Frühstücksbratwürste, die gewürfelte Zwiebel und den gehackten Knoblauch hinzu. Vermengen Sie alles gut.

2 In einer separaten Schüssel mischen Sie die Hühnerbrühe und die Maisstärke. Gießen Sie die Mischung über die Kartoffelbratwurst-Mischung im Slow Cooker und vermengen Sie alles gut.

3 Schließen Sie den Slow Cooker und lassen Sie alles auf niedriger Stufe für 6 - 8 Stunden kochen, bis die Kartoffeln weich und die Bratwürste durchgegart sind.

4 Schalten Sie den Slow Cooker aus und rühren Sie den geriebenen Cheddarkäse in die Mischung ein. Brechen Sie die Eier über die Mischung und lassen Sie alles für weitere 10-15 Minuten stehen, bis die Eier gestockt sind.

5 Bestreuen Sie die Frühstückspoutine mit gehackter Petersilie und würzen Sie nach Belieben mit Salz und Pfeffer.

EGGS BENEDICT

4 Port.

3 Std.
10 Min.

Leicht

Zutaten

4 Eier
100 ml Wasser
100 ml Essig
4 englische Muffins, geteilt und getoastet
4 Eigelb
1 EL Zitronensaft
100 g geschmolzene Butter
Salz und Pfeffer nach Geschmack
Petersilie zum Garnieren
Kochspray

Nährwerte p. P.

450 kcal
22 g Kohlenhydrate
33 g Fett
18 g Protein

1 Den Slow Cooker mit Kochspray einsprühen. Legen Sie den Schinken in den Slow Cooker.

2 In einer kleinen Schüssel Wasser und Essig vermischen und über den Schinken gießen.

3 Die Eier vorsichtig auf den Schinken aufschlagen. Den Slow Cooker auf niedriger Stufe für 2-3 Stunden kochen lassen, bis die Eier vollständig gegart sind.

4 In der Zwischenzeit können Sie die Sauce hollandaise zubereiten. In einer kleinen Schüssel die Eigelbe und den Zitronensaft vermischen.

5 Die geschmolzene Butter langsam in die Eimischung einrühren, während Sie ständig rühren. Mit Salz und Pfeffer abschmecken.

6 Sobald die Eier im Slow Cooker fertig sind, entfernen Sie vorsichtig den Schinken und die Eier mit einem Schaumlöffel.

7 Die englischen Muffins toasten und auf vier Teller verteilen. Legen Sie den Schinken auf die Muffin-Hälften und legen Sie dann das pochierte Ei darauf.

8 Löffeln Sie die Sauce hollandaise über die Eier und garnieren Sie mit Petersilie.

Brote

SCHNELLES BAUERNBROT

 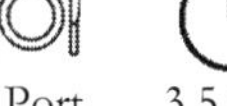 

8 Port. 3,5 Std. Leicht

Zutaten

750 g Mehl
1 TL Salz
½ TL Trockenhefe
400 ml lauwarmes Wasser

Nährwerte p. P.

160 kcal
34 g Kohlenhydrate
0 g Fett
5 g Protein

1 Legen Sie ein Stück Pergamentpapier in den Slow Cooker.

2 In einer großen Schüssel Mehl, Salz und Trockenhefe vermischen. Fügen Sie das lauwarme Wasser hinzu und rühren Sie alles gut um, bis ein klebriger Teig entsteht.

3 Geben Sie den Teig auf das Pergamentpapier im Pot. Decken Sie den Pot mit einem sauberen Geschirrtuch ab und lassen Sie den Teig für 2-3 Stunden auf hoher Stufe im Slow Cooker aufgehen.

4 Nachdem der Teig aufgegangen ist, nehmen Sie das Geschirrtuch ab und lassen den Teig weitere 30 Minuten kochen, bis er goldbraun ist.

5 Entfernen Sie das Bauernbrot vorsichtig aus dem Slow Cooker und lassen Sie es vollständig abkühlen, bevor Sie es servieren.

WÜRZIGES ZWIEBELBROT

8 Port. 3,5 Std. Leicht

Zutaten

500 g Mehl
1 TL Salz
½ TL Trockenhefe
1 große Zwiebel, gehackt
500 ml lauwarmes Wasser

Nährwerte p. P.

160 kcal
34 g Kohlenhydrate
0 g Fett
5 g Protein

1 Legen Sie ein Stück Pergamentpapier in den Slow Cooker.

2 In einer großen Schüssel Mehl, Salz und Trockenhefe vermischen. Fügen Sie die gehackte Zwiebel hinzu und rühren Sie alles gut um.

3 Fügen Sie das lauwarme Wasser hinzu und rühren Sie alles gut um, bis ein klebriger Teig entsteht.

4 Geben Sie den Teig auf das Pergamentpapier im Pot. Decken Sie diesen mit einem sauberen Geschirrtuch ab und lassen Sie den Teig für 2-3 Stunden auf hoher Stufe im Slow Cooker aufgehen.

5 Nachdem der Teig aufgegangen ist, nehmen Sie das Geschirrtuch ab und lassen den Teig weitere 30 Minuten kochen, bis er goldbraun ist.

6 Entfernen Sie das Zwiebelbrot vorsichtig aus dem Slow Cooker und lassen Sie es vollständig abkühlen, bevor Sie es servieren.

SCHINKEN-KÄSE-BROT

8 Port.

3 Std.

Leicht

Zutaten

500 g Mehl
1 TL Salz
12 g Trockenhefe
1 Tasse Schinken, gewürfelt
1 Tasse geriebener Käse
400 ml lauwarmes Wasser

Nährwerte p. P.

270 kcal
27 g Kohlenhydrate
11 g Fett
15 g Protein

1 Legen Sie ein Stück Pergamentpapier in den Pot.

2 In einer großen Schüssel Mehl, Salz und Trockenhefe vermischen. Fügen Sie den gewürfelten Schinken und den geriebenen Käse hinzu und rühren Sie alles gut um.

3 Fügen Sie das lauwarme Wasser hinzu und rühren Sie alles gut um, bis ein klebriger Teig entsteht.

4 Geben Sie den Teig auf das Pergamentpapier im Pot. Decken Sie den Slow Cooker mit einem sauberen Geschirrtuch ab und lassen Sie den Teig für 2-3 Stunden auf hoher Stufe im Slow Cooker aufgehen.

5 Nachdem der Teig aufgegangen ist, nehmen Sie das Geschirrtuch ab und lassen Sie den Teig weitere 30 Minuten kochen, bis er goldbraun ist.

6 Entfernen Sie das Schinken-Käse-Brot vorsichtig aus dem Slow Cooker und lassen Sie es vollständig abkühlen, bevor Sie es servieren.

HAFERFLOCKENBROT

8 Port. 3 Std. Leicht

Zutaten

300 g Haferflocken
400 g Mehl
1 TL Salz
1 TL Backpulver
½ TL Trockenhefe
2 EL Honig
400 ml lauwarmes Wasser

Nährwerte p. P.

188 kcal
37 g Kohlenhydrate
2 g Fett
6 g Protein

1 Legen Sie ein Stück Pergamentpapier in den Slow Cooker.

2 In einer großen Schüssel Mehl, Salz, Backpulver und Trockenhefe vermischen. Fügen Sie die Haferflocken hinzu und rühren Sie alles gut um.

3 Fügen Sie den Honig und das lauwarme Wasser hinzu und rühren Sie alles gut um, bis ein klebriger Teig entsteht.

4 Geben Sie den Teig auf das Pergamentpapier im Slow Cooker. Decken Sie den Slow Cooker mit einem sauberen Geschirrtuch ab und lassen Sie den Teig für 2-3 Stunden auf hoher Stufe im Slow Cooker aufgehen.

5 Nachdem der Teig aufgegangen ist, nehmen Sie das Geschirrtuch ab und lassen den Teig weitere 2-3 Stunden kochen, bis er goldbraun ist.

6 Entfernen Sie das Haferflockenbrot vorsichtig aus dem Slow Cooker und lassen Sie es vollständig abkühlen, bevor Sie es servieren.

SANDWICHBROT

8 Port.

3 Std.

Leicht

Zutaten

500 g Mehl
2 TL Salz
1 TL Trockenhefe
1 EL Zucker
300 ml lauwarmes Wasser
2 EL Olivenöl

Nährwerte p. P.

158 kcal
28 g Kohlenhydrate
3 g Fett
4 g Protein

1 Vermischen Sie in einer Schüssel Mehl, Salz, Trockenhefe und Zucker.

2 Fügen Sie langsam das lauwarme Wasser und das Olivenöl hinzu und kneten Sie den Teig für ca. 5 Minuten.

3 Decken Sie die Schüssel mit einem feuchten Tuch ab und lassen Sie den Teig an einem warmen Ort für etwa 1 Stunde gehen, bis er sein Volumen verdoppelt hat.

4 Kneten Sie den Teig erneut für 2-3 Minuten und formen Sie ihn zu einem runden Brotlaib.

5 Legen Sie das Brot in den Slow Cooker und stellen Sie ihn auf "hoch" für ca. 2 – 3 Stunden oder bis das Brot goldbraun und durchgebacken ist.

6 Entfernen Sie das Brot aus dem Slow Cooker und lassen Sie es auf einem Gitterrost vollständig abkühlen, bevor Sie es in Scheiben schneiden.

KETOGENES BROT MIT KOKOSMEHL

8 Port.

3 Std.
15 Min.

Leicht

Zutaten

6 Eier
½ Tasse geschmolzene Butter
100 g Mandelmehl
¼ Tasse Kokosmehl
1 TL Backpulver
½ TL Salz

Optional:
1 EL Sesamsamen oder Leinsamen zum Garnieren

Nährwerte p. P.

225 kcal
4 g Kohlenhydrate
21 g Fett
7 g Protein

1 Um ketogenes Brot aus dem Slow Cooker zuzubereiten, beginnen Sie damit, den Slow Cooker mit Backpapier auszukleiden. Anschließend sollten Sie in einer Schüssel die Eier und die geschmolzene Butter gut verquirlen. Fügen Sie Mandelmehl, Kokosmehl, Backpulver und Salz hinzu und rühren Sie gut um, bis eine homogene Mischung entsteht.

2 Gießen Sie den Teig in den Slow Cooker und glätten Sie die Oberfläche. Optional können Sie Sesamsamen oder Leinsamen auf die Oberseite des Teigs streuen. Danach sollten Sie den Slow Cooker abdecken und das Brot auf niedriger Stufe für 2 - 3 Stunden backen, bis es fest und durchgegart ist.

3 Nehmen Sie das Brot aus dem Slow Cooker und lassen Sie es auf einem Gitterrost abkühlen, bevor es in Scheiben geschnitten wird.

DATTELBROT MIT MILCH UND OLIVENÖL

8 Port.

4 Std.
20 Min.

Leicht

Zutaten

1 Tasse Datteln, entsteint und gehackt
½ Tasse Olivenöl
½ Tasse Milch
2 Eier
1 ½ Tassen Mehl
½ Tasse Haferflocken
½ Tasse gehackte Walnüsse
½ Tasse brauner Zucker
1 TL Backpulver
1 TL Zimt
½ TL Salz

Nährwerte p. P.

426 kcal
48 g Kohlenhydrate
25 g Fett
6 g Protein

1 Um Dattelbrot mit Olivenöl und Milch aus dem Slow Cooker zuzubereiten, beginnen Sie damit, den Slow Cooker mit Backpapier auszukleiden. In einer großen Schüssel sollten Sie die gehackten Datteln, das Olivenöl, die Milch und die Eier vermischen. Fügen Sie Mehl, Haferflocken, gehackte Walnüsse, braunen Zucker, Backpulver, Zimt und Salz hinzu und rühren Sie gut um, bis alle Zutaten gut vermischt sind.

2 Gießen Sie den Teig in den Slow Cooker und glätten Sie die Oberfläche. Den Slow Cooker abdecken und das Brot auf niedriger Stufe für 3-4 Stunden backen, bis es fest und durchgegart ist. Das Brot aus dem Slow Cooker nehmen und auf einem Gitterrost abkühlen lassen, bevor es in Scheiben geschnitten wird.

Suppen und Eintöpfe

KLASSISCHE HÜHNERSUPPE

2 Port. 8,5 Std. Leicht

Zutaten

1 kg Hähnchenbrust oder -keulen, mit Knochen und Haut
2 Möhren, geschält und in Stücke geschnitten
2 Stangen Sellerie, in Stücke geschnitten
1 Zwiebel, gehackt
3 Knoblauchzehen, gehackt
2 Lorbeerblätter
1 TL getrockneter Thymian
1 TL getrockneter Oregano
1 TL Salz
1 Prise schwarzer Pfeffer
2 l Wasser

Nährwerte p. P.

220 kcal
6 g Kohlenhydrate
5 g Fett
38 g Protein

1 Geben Sie Huhn, Möhren, Sellerie, Zwiebel, Knoblauch, Lorbeerblätter, Thymian, Oregano, Salz und Pfeffer in den Slow Cooker. Gießen Sie das Wasser darüber und rühren Sie alles gut um.

2 Stellen Sie den Slow Cooker auf niedrige Temperatur ein und lassen Sie die Suppe für 8 Stunden kochen, bis das Huhn gar ist und sich leicht vom Knochen löst.

3 Nehmen Sie das Huhn aus dem Slow Cooker und entfernen Sie Haut und Knochen. Zerlegen Sie das Fleisch in kleine Stücke und geben Sie es zurück in den Slow Cooker.

4 Rühren Sie die Suppe gut um und servieren Sie sie heiß.

EINTOPF MIT STECKRÜBEN UND MÖHREN

6 Port. | 5 Std. 20 Min. | Leicht

Zutaten

1 große Steckrübe, geschält und in Würfel geschnitten
2 Möhren, geschält und in Scheiben geschnitten
2 Stangen Sellerie, in Scheiben geschnitten
1 Zwiebel, gehackt
2 Knoblauchzehen, gehackt
500 g Hähnchenbrust, in kleine Stücke geschnitten
1 ½ l Gemüsebrühe
1 TL getrockneter Thymian
Salz und Pfeffer nach Geschmack
2 EL Olivenöl

Nährwerte p. P.

258 kcal
20 g Kohlenhydrate
9 g Fett
25 g Protein

1 Erhitzen Sie das Olivenöl in einer Pfanne bei mittlerer Hitze und braten Sie das Hähnchenfleisch darin an, bis es gar ist.

2 Geben Sie Steckrübenwürfel, Möhren, Sellerie, Zwiebel und Knoblauch in den Slow Cooker.

3 Geben Sie das angebratene Hähnchenfleisch dazu und rühren Sie alles gut durch. Gießen Sie die Gemüsebrühe über das Gemüse und das Fleisch.

4 Fügen Sie den Thymian hinzu und würzen Sie mit Salz und Pfeffer nach Geschmack.

5 Decken Sie den Slow Cooker ab und kochen Sie alles auf hoher Stufe für 4 - 5 Stunden oder auf niedriger Stufe für 8 Stunden, bis das Gemüse weich ist.

6 Servieren Sie den Steckrübeneintopf heiß und garnieren Sie ihn nach Wunsch mit frischen Kräutern.

CHANA DAL

INDISCHE KICHERERBSEN-SUPPE

4 Port.

8 Std. 25 Min.

Leicht

Zutaten

2 Tassen Chana Dal (geschälte und halbierte Kichererbsen)
1 Zwiebel, gehackt
3 Knoblauchzehen, gehackt
1 grüne Chili, gehackt
2 Tomaten, gewürfelt
1 EL Tomatenmark
2 TL Kreuzkümmel
2 TL Kurkuma
1 TL Garam Masala
1 TL Paprikapulver
1 TL Salz
½ TL Cayennepfeffer
4 Tassen Wasser
2 EL Ghee oder Butter
Korianderblätter zum Garnieren

Nährwerte p. P.

328 kcal
45 g Kohlenhydrate
8 g Fett
18 g Protein

1 Sie sollten die Chana Dal in ein Sieb geben und unter fließendem Wasser abspülen, bis das Wasser klar ist. Dann geben Sie sie in den Slow Cooker.

2 Geben Sie die gehackte Zwiebel, den Knoblauch und die grüne Chili zu den Kichererbsen in den Slow Cooker.

3 Fügen Sie gewürfelte Tomaten, Tomatenmark, Kreuzkümmel, Kurkuma, Garam Masala, Paprikapulver, Salz und Cayennepfeffer hinzu.

4 Gießen Sie das Ganze mit 4 Tassen Wasser auf und mischen Sie es gut durch.

5 Erhitzen Sie das Ghee oder die Butter in einer Pfanne und rösten Sie die Gewürze an. Dann geben Sie sie zur Kichererbsenmischung in den Slow Cooker und mischen alles gut durch.

6 Stellen Sie den Slow Cooker auf "low" und lassen Sie das Chana Dal für 6-8 Stunden köcheln, bis die Kichererbsen weich sind und das Gericht eine dickflüssige Konsistenz hat.

7 Verteilen Sie die Suppe in Schüsseln und garnieren Sie sie mit frischen Korianderblättern.

BIRNEN-EINTOPF MIT RINDFLEISCH

4 Port.

8 Std. 25 Min.

Leicht

Zutaten

500 g Rindfleisch, in Würfel geschnitten
2 Zwiebeln, gehackt
3 Knoblauchzehen, gehackt
3 Birnen, geschält und in Würfel geschnitten
3 Möhren, in Scheiben geschnitten
3 Selleriestangen, in Scheiben geschnitten
2 Kartoffeln, geschält und in Würfel geschnitten
500 ml Rinderbrühe
1 EL Tomatenmark
1 TL Thymian
Salz und Pfeffer nach Geschmack
2 EL Olivenöl

Nährwerte p. P.

389 kcal
27 g Kohlenhydrate
15 g Fett
34 g Protein

1 Sie braten das Rindfleisch in einer Pfanne mit Olivenöl an, bis es von allen Seiten braun ist. Anschließend geben Sie das Fleisch in den Slow Cooker, gefolgt von Zwiebeln, Knoblauch, Birnen, Möhren, Sellerie und Kartoffeln.

2 In einer separaten Schüssel mischen Sie Rinderbrühe, Tomatenmark, Thymian, Salz und Pfeffer und gießen es dann in den Slow Cooker. Lassen Sie den Slow Cooker auf niedriger Stufe für 6-8 Stunden kochen. Vor dem Servieren sollten Sie den Eintopf abschmecken und bei Bedarf mit zusätzlichem Salz und Pfeffer würzen.

WILD-EINTOPF MIT SELLERIE UND MÖHREN

4 Port.

8 Std.
15 Min.

Leicht

Zutaten

500 g Wildfleisch, gewürfelt
2 Zwiebeln, gehackt
3 Möhren, in Scheiben geschnitten
2 Selleriestangen, in Scheiben geschnitten
2 Kartoffeln, geschält und in Würfel geschnitten
500 ml Wildfond
1 EL Tomatenmark
1 TL Thymian
Salz und Pfeffer nach Geschmack
2 EL Olivenöl

Nährwerte p. P.

304 kcal
20 g Kohlenhydrate
11 g Fett
28 g Protein

1 Sie braten das Wildfleisch in einer Pfanne mit Olivenöl an, bis es von allen Seiten braun ist. Anschließend geben Sie das Fleisch in den Slow Cooker, gefolgt von Zwiebeln, Möhren, Sellerie und Kartoffeln.

2 In einer separaten Schüssel mischen Sie Wildfond, Tomatenmark, Thymian, Salz und Pfeffer und gießen es dann in den Slow Cooker. Lassen Sie den Slow Cooker auf niedriger Stufe für 6-8 Stunden kochen. Vor dem Servieren sollten Sie den Eintopf abschmecken und bei Bedarf mit zusätzlichem Salz und Pfeffer würzen.

RUSSISCHER EINTOPF

4 Port.

8 Std. 15 Min.

Leicht

Zutaten

500 g Rindfleisch, gewürfelt
2 Zwiebeln, gehackt
2 Möhren, in Scheiben geschnitten
2 Kartoffeln, geschält und in Würfel geschnitten
500 ml Rinderbrühe
1 EL Tomatenmark
1 TL Paprikapulver
1 Lorbeerblatt
Salz und Pfeffer nach Geschmack
2 EL Olivenöl

Nährwerte p. P.

346 kcal
21 g Kohlenhydrate
15 g Fett
29 g Protein

1 Sie braten das Rindfleisch in einer Pfanne mit Olivenöl an, bis es von allen Seiten braun ist. Anschließend geben Sie das Fleisch in den Slow Cooker, gefolgt von Zwiebeln, Möhren und Kartoffeln.

2 n einer separaten Schüssel mischen Sie Rinderbrühe, Tomatenmark, Paprikapulver, Lorbeerblatt, Salz und Pfeffer und gießen es dann in den Slow Cooker. Lassen Sie den Slow Cooker auf niedriger Stufe für 6-8 Stunden kochen. Vor dem Servieren sollten Sie den Eintopf abschmecken und bei Bedarf mit zusätzlichem Salz und Pfeffer würzen.

AFRIKANISCHER ERDNUSSTOPF

4 Port. | 8 Std. 10 Min. | Leicht

Zutaten

500 g Hähnchenbrustfilet, in Würfel geschnitten
2 Zwiebeln, gehackt
2 Möhren, in Scheiben geschnitten
2 Paprika, in Streifen geschnitten
500 ml Hühnerbrühe
1 Dose gehackte Tomaten (400 g)
150 g Erdnussbutter
2 Knoblauchzehen, gehackt
1 TL Kreuzkümmel
1 TL Kurkuma
1 TL Paprikapulver
Salz und Pfeffer nach Geschmack
2 EL Olivenöl

Nährwerte p. P.

478 kcal
22 g Kohlenhydrate
28 g Fett
39 g Protein

1 Braten Sie das Hähnchenbrustfilet in einer Pfanne mit Olivenöl an, bis es von allen Seiten braun ist. Geben Sie das Fleisch dann in den Slow Cooker, gefolgt von Zwiebeln, Möhren und Paprika.

2 Mischen Sie in einer separaten Schüssel Hühnerbrühe, gehackte Tomaten, Erdnussbutter, Knoblauch, Kreuzkümmel, Kurkuma, Paprikapulver, Salz und Pfeffer und gießen Sie diese Mischung in den Slow Cooker.

3 Lassen Sie den Slow Cooker auf niedriger Stufe für 6-8 Stunden kochen. Vor dem Servieren können Sie den Eintopf abschmecken und bei Bedarf mit zusätzlichem Salz und Pfeffer würzen.

HOLLÄNDISCHER EINTOPF MIT ZWIEBELN UND KARTOFFELN

4 Port.

8 Std. 20 Min.

Leicht

Zutaten

500 g Rindfleisch, gewürfelt
500 g Kartoffeln, gewürfelt
250 g Möhren, gewürfelt
250 g Zwiebeln, gehackt
2 EL Tomatenmark
2 Lorbeerblätter
500 ml Rinderbrühe
Salz und Pfeffer nach Geschmack
Etwas Öl

Optional:
Speck

Nährwerte p. P.

400 kcal
45 g Kohlenhydrate
9 g Fett
30 g Protein

1 Braten Sie das Rindfleisch in einer Pfanne mit etwas Öl an, bis es von allen Seiten braun ist.

2 Geben Sie das Fleisch in den Slow Cooker, gefolgt von Kartoffeln, Möhren und Zwiebeln. Wenn Sie möchten, können Sie auch Speckwürfel hinzufügen.

3 In einer separaten Schüssel mischen Sie das Tomatenmark mit der Rinderbrühe und gießen es in den Slow Cooker.

4 Legen Sie die Lorbeerblätter auf den Eintopf und würzen Sie mit Salz und Pfeffer nach Geschmack.

5 Lassen Sie den Slow Cooker auf niedriger Stufe für 6-8 Stunden kochen.

6 Vor dem Servieren entfernen Sie die Lorbeerblätter und probieren den Eintopf. Bei Bedarf können Sie noch einmal mit Salz und Pfeffer nachwürzen.

WEIẞWURST-EINTOPF

4 Port.

8 Std.
15 Min.

Leicht

Zutaten

500 g Weißwürste
1 große Zwiebel, gewürfelt
2 Möhren, gewürfelt
2 Stangen Sellerie, gewürfelt
500 g Kartoffeln, geschält und gewürfelt
1 l Gemüsebrühe
1 TL Senf
1 Lorbeerblatt
1 Prise Muskatnuss
Salz und Pfeffer nach Geschmack
Etwas Öl

Nährwerte p. P.

339 kcal
34 g Kohlenhydrate
14 g Fett
20 g Protein

1 Braten Sie die Weißwürste in einer Pfanne mit etwas Öl an, bis sie auf allen Seiten braun sind. Schneiden Sie die Würste dann in etwa 2 cm dicke Scheiben.

2 Geben Sie die Weißwurstscheiben in den Slow Cooker, gefolgt von Zwiebeln, Möhren, Sellerie und Kartoffeln.

3 In einer separaten Schüssel Gemüsebrühe, Senf, Lorbeerblatt, Muskatnuss, Salz und Pfeffer mischen und dann in den Slow Cooker gießen.

4 Den Slow Cooker auf niedriger Stufe für 6 - 8 Stunden kochen lassen.

5 Vor dem Servieren abschmecken und bei Bedarf mit zusätzlichem Salz und Pfeffer würzen.

LASAGNE-SUPPE

4 Port.

8 Std. 40 Min.

Leicht

Zutaten

500 g Rinderhackfleisch
1 Zwiebel, gehackt
2 Knoblauchzehen, gehackt
1 Dose gehackte Tomaten (400 g)
1 Dose Tomatenmark (140 g)
1 l Rinderbrühe
2 TL italienische Kräuter
1 TL Paprikapulver
Salz und Pfeffer nach Geschmack
200 g Lasagne-Nudeln, in kleine Stücke gebrochen
250 g Ricotta
100 g geriebener Parmesan
1 Tasse gehackter Spinat
Etwas Öl

Optional:
frische Basilikumblätter zum Servieren

Nährwerte p. P.

455 kcal
26 g Kohlenhydrate
24 g Fett
32 g Protein

1 Braten Sie das Rinderhackfleisch in einer Pfanne mit Olivenöl an, bis es braun und durchgekocht ist. Gießen Sie das Fett ab und geben Sie das Fleisch in den Slow Cooker.

2 Fügen Sie Zwiebel und Knoblauch hinzu und braten Sie sie 2-3 Minuten an, bis sie weich sind. Geben Sie gehackte Tomaten, Tomatenmark, Rinderbrühe, italienischen Kräuter, Paprikapulver, Salz und Pfeffer hinzu und mischen Sie alles gut zusammen.

3 Kochen Sie die Suppe auf niedriger Stufe für 6-8 Stunden, bis das Fleisch und die Gemüsestücke zart sind.

4 30 Minuten vor dem Servieren fügen Sie gebrochene Lasagne-Nudeln, Ricotta, Parmesan und Spinat hinzu und rühren alles zusammen. Lassen Sie es weitere 30 Minuten kochen, bis die Nudeln weich sind und der Käse geschmolzen ist.

5 Vor dem Servieren abschmecken und bei Bedarf mit zusätzlichem Salz und Pfeffer würzen. Mit frischen Basilikumblättern garnieren.

POLNISCHE HÜHNERSUPPE

4 Port.

8 Std.
15 Min.

Leicht

Zutaten

4 Hühnerbrustfilets
1 Zwiebel, gehackt
2 Möhren, geschält und in Scheiben geschnitten
2 Selleriestangen, in Scheiben geschnitten
2 Knoblauchzehen, gehackt
1 Lorbeerblatt
1 TL getrockneter Thymian
1 TL Paprikapulver
1 TL Salz
½ TL schwarzer Pfeffer
8 Tassen Hühnerbrühe
1 Tasse Nudeln, ungekocht
¼ Tasse frisch gehackte Petersilie

Nährwerte p. P.

245 kcal
17 g Kohlenhydrate
4 g Fett
35 g Protein

1 Sie geben die Hühnerbrustfilets in den Slow Cooker und bestreuen sie mit Zwiebel, Möhren, Sellerie, Knoblauch, Lorbeerblatt, Thymian, Paprikapulver, Salz und Pfeffer. Anschließend gießen Sie die Hühnerbrühe über die Zutaten im Slow Cooker und verschließen den Deckel.

2 Den Slow Cooker lassen Sie auf niedriger Stufe für 6-8 Stunden kochen, bis das Hähnchenfleisch zart und gar ist. Dann geben Sie die Nudeln in den Slow Cooker und lassen alles weitere 30 Minuten kochen, bis die Nudeln weich sind.

3 Bevor Sie die polnische Hühnersuppe servieren, garnieren Sie sie mit Petersilie.

CROCKY-SUPPE

4 Port.

8 Std.
15 Min.

Leicht

Zutaten

1 Zwiebel, gewürfelt
2 Möhren, gewürfelt
2 Selleriestangen, gewürfelt
3 Knoblauchzehen, gehackt
1 Dose Tomaten, gehackt
4 Tassen Gemüsebrühe
1 TL getrockneter Oregano
1 TL getrockneter Thymian
Salz und Pfeffer nach Geschmack
2 Tassen Brotwürfel
2 EL Olivenöl

Nährwerte p. P.

240 kcal
33 g Kohlenhydrate
8 g Fett
8 g Protein

1 Geben Sie Zwiebel, Möhren, Sellerie und Knoblauch in den Slow Cooker. Fügen Sie gehackte Tomaten, Gemüsebrühe, Oregano, Thymian, Salz und Pfeffer hinzu und rühren Sie alles gut um.

2 Stellen Sie den Slow Cooker auf niedriger Stufe für 6-8 Stunden ein oder auf hoher Stufe für 3-4 Stunden, bis das Gemüse weich ist.

3 Während die Suppe im Slow Cooker kocht, bereiten Sie die Croûtons zu, indem Sie die Brotwürfel mit Olivenöl in einer Pfanne anbraten, bis sie knusprig und goldbraun sind.

4 Servieren Sie die Suppe in Schüsseln und garnieren Sie sie mit den Croûtons.

BIHUN-SUPPE

4 Port.

8 Std.
10 Min.

Leicht

Zutaten

500 g Hühnerbrustfilet, in kleine Stücke geschnitten
200 g Bihun-Nudeln (Reisnudeln)
1 Zwiebel, gehackt
3 Möhren, in Scheiben geschnitten
1 rote Paprika, in Würfel geschnitten
2 Knoblauchzehen, gehackt
1 l Hühnerbrühe
2 EL Sojasauce
1 TL Ingwer, gerieben
Salz und Pfeffer nach Geschmack
Frühlingszwiebeln und Korianderblätter zum Garnieren

Nährwerte p. P.

291 kcal
31 g Kohlenhydrate
5 g Fett
29 g Protein

1 Legen Sie Hühnchen, Zwiebel, Möhren, Paprika und Knoblauch in den Slow Cooker. Würzen Sie mit Salz und Pfeffer.

2 Mischen Sie Hühnerbrühe, Sojasauce und geriebenen Ingwer in einer separaten Schüssel und gießen Sie die Mischung in den Slow Cooker.

3 Decken Sie den Slow Cooker ab und kochen Sie die Suppe auf niedriger Stufe für 6-8 Stunden oder bis das Hühnchen zart und gar ist.

4 Bereiten Sie die Bihun-Nudeln gemäß den Anweisungen auf der Verpackung zu und geben Sie sie etwa 30 Minuten vor dem Servieren in den Slow Cooker.

5 Abschmecken und gegebenenfalls mit Salz und Pfeffer nachwürzen. Servieren Sie die Suppe mit Frühlingszwiebeln und Korianderblättern als Garnierung.

Salate

KÄSE-SALAT

4 Port.

3 Std. 15 Min.

Leicht

Zutaten

500 g Brokkoli, in kleine Röschen geschnitten
2 Paprikaschoten, gewürfelt
1 Zwiebel, gewürfelt
2 Knoblauchzehen, gehackt
250 g Cheddarkäse, gerieben
½ Tasse Mayonnaise
½ Tasse saure Sahne
2 EL Dijon-Senf
1 TL Salz
½ TL Pfeffer

Nährwerte p. P.

371 kcal
12 g Kohlenhydrate
31 g Fett
14 g Protein

1 Geben Sie bitte Brokkoliröschen, Paprikawürfel, Zwiebelwürfel und Knoblauch in den Slow Cooker. Verteilen Sie den geriebenen Cheddarkäse darüber. Vermischen Sie in einer separaten Schüssel Mayonnaise, saure Sahne, Dijon-Senf, Salz und Pfeffer.

2 Gießen Sie diese Mischung über den Käse im Slow Cooker und rühren Sie alles vorsichtig um. Lassen Sie den Slow Cooker auf niedriger Stufe für 2-3 Stunden kochen, bis der Käse geschmolzen und die Brokkoliröschen weich sind. Servieren Sie den Käse-Salat.

CAESAR SALAD

4 Port. 4,5 Std. Leicht

Zutaten

4 Hähnchenbrustfilets
½ Tasse Hühnerbrühe
½ Tasse Caesar-Dressing
2 EL Zitronensaft
2 Knoblauchzehen, gehackt
1 TL Worcestershire-Soße
¼ TL Salz
¼ TL Pfeffer
1 Kopf Romanasalat, in mundgerechte Stücke geschnitten
¼ Tasse geriebener Parmesan

Nährwerte p. P.

326 kcal
5 g Kohlenhydrate
15 g Fett
40 g Protein

1 Legen Sie die Hähnchenbrustfilets in den Slow Cooker.

2 Vermengen Sie in einer separaten Schüssel Hühnerbrühe, Caesar-Dressing, Zitronensaft, Knoblauch, Worcestershire-Soße, Salz und Pfeffer. Gießen Sie diese Mischung über das Hähnchen im Slow Cooker.

3 Lassen Sie den Slow Cooker auf niedriger Stufe für 3-4 Stunden kochen, bis das Hähnchen gar ist und sich leicht zerkleinern lässt.

4 Nehmen Sie das Hähnchen aus dem Slow Cooker und zerteilen Sie es mit zwei Gabeln in mundgerechte Stücke.

5 Verteilen Sie den Romanasalat auf Tellern und richten Sie das zerkleinerte Hähnchen darauf an.

6 Übergießen Sie den Caesar Salad mit dem verbliebenen Caesar-Dressing aus dem Slow Cooker und bestreuen Sie ihn mit Parmesan.

7 Servieren Sie den Caesar Salad.

ANANAS-MÖHREN-KOHL-SALAT

2 Port. 3,5 Std. Leicht

Zutaten

½ Kohlkopf, in dünne Streifen geschnitten
2 Möhren, in dünne Scheiben geschnitten
1 Dose Ananasstücke, abgetropft und klein geschnitten
½ Tasse griechischer Joghurt
¼ Tasse Mayonnaise
1 EL Apfelessig
1 EL Honig
1 TL Senf
Salz und Pfeffer nach Geschmack

Nährwerte p. P.

142 kcal
20 g Kohlenhydrate
6 g Fett
4 g Protein

1 Geben Sie den Kohl, die Möhren und die Ananasstücke in den Slow Cooker.

2 In einer separaten Schüssel den griechischen Joghurt, die Mayonnaise, den Apfelessig, den Honig, den Senf sowie Salz und Pfeffer vermischen.

3 Gießen Sie die Mischung über die Zutaten im Slow Cooker und rühren Sie vorsichtig um, bis alles gut bedeckt ist.

4 Den Slow Cooker auf niedriger Stufe für 2-3 Stunden kochen lassen, bis das Gemüse weich ist, aber noch etwas Biss hat.

5 Den Ananas-Möhren-Kohl-Salat servieren und genießen.

Tipp: Für zusätzlichen Crunch können Sie gehackte Mandeln oder Walnüsse über den Salat streuen.

HERBST-SALAT

3 Port. | 3 Std. 20 Min. | Leicht

Zutaten

½ Kopf Radicchio, in dünne Streifen geschnitten
2 Äpfel, in dünne Scheiben geschnitten
1 Birne, in dünne Scheiben geschnitten
½ Tasse Walnüsse, grob gehackt
¼ Tasse Apfelessig
2 EL Ahornsirup
2 EL Senf
¼ Tasse Olivenöl
Salz und Pfeffer nach Geschmack

1 Geben Sie den Radicchio, die Äpfel, die Birnen und die Walnüsse in den Slow Cooker.

2 In einer separaten Schüssel Apfelessig, Ahornsirup, Senf, Olivenöl, Salz und Pfeffer vermischen.

3 Gießen Sie die Mischung über die Zutaten im Slow Cooker und rühren Sie vorsichtig um, bis alles gut bedeckt ist.

4 Den Slow Cooker auf niedriger Stufe für 2 - 3 Stunden kochen lassen, bis das Gemüse weich ist, aber noch etwas Biss hat.

5 Den Herbst-Salat aus dem Slow Cooker servieren und genießen.

Nährwerte p. P.

290 kcal
24 g Kohlenhydrate
22 g Fett
4 g Protein

Tipp: Fügen Sie zusätzliche Zutaten hinzu, wie zum Beispiel Kürbis- oder Süßkartoffelwürfel, um den Salat noch herbstlicher zu gestalten.

PFIFFERLING-SALAT

3 Port. 3,5 Std. Leicht

Zutaten

500 g Pfifferlinge, geputzt und halbiert
1 Zwiebel, gehackt
2 Knoblauchzehen, gehackt
2 EL Olivenöl
1 EL Balsamico-Essig
1 EL Zitronensaft
1 TL Senf
1 TL Honig
Salz und Pfeffer nach Geschmack
1 Kopf grüner Salat, in mundgerechte Stücke zerteilt
¼ Tasse gehackte Petersilie

Optional:
50 g gehobelter Parmesan

Nährwerte p. P.

120 kcal
9 g Kohlenhydrate
7 g Fett
6 g Protein

1 Geben Sie Pfifferlinge, Zwiebel, Knoblauch und Olivenöl in den Slow Cooker. In einer separaten Schüssel Balsamico-Essig, Zitronensaft, Senf, Honig, Salz und Pfeffer vermengen und über die Pfifferlinge gießen.

2 Den Slow Cooker auf niedriger Stufe für 2 - 3 Stunden kochen lassen, bis die Pfifferlinge weich und zart sind.

3 Den grünen Salat auf einem Teller anrichten und die Pfifferlinge darüber verteilen.

4 Mit gehackter Petersilie und Parmesan bestreuen. Den Pfifferling-Salat servieren und genießen.

Tipp: Verwenden Sie frische Pfifferlinge, um den besten Geschmack zu erzielen.

SCHNELLER AVOCADO-FETA-SALAT

3 Port.

2 Std. 15 Min.

Leicht

Zutaten

2 Avocados, in Würfel geschnitten
1 Tasse Kirschtomaten, halbiert
½ Tasse rote Zwiebel, gehackt
½ Tasse Feta-Käse, zerbröckelt
¼ Tasse Olivenöl
2 EL Zitronensaft
1 EL Honig
Salz und Pfeffer nach Geschmack
¼ Tasse gehackte Petersilie

1 Geben Sie Avocados, Kirschtomaten, rote Zwiebel und Feta-Käse in den Slow Cooker.

2 In einer separaten Schüssel Olivenöl, Zitronensaft, Honig, Salz und Pfeffer vermengen und über den Salat gießen.

3 Den Slow Cooker auf niedriger Stufe für 1 - 2 Stunden kochen lassen, bis alle Zutaten gut durchgezogen sind.

4 Den Avocado-Feta-Salat auf einem Teller anrichten und mit gehackter Petersilie bestreuen.

5 Den Salat servieren und genießen.

Nährwerte p. P.

300 kcal
12 g Kohlenhydrate
27 g Fett
5 g Protein

Tipp: Verwenden Sie reife Avocados für das beste Aroma und die beste Konsistenz.

LACHS-SALAT MIT FRISCHEN KRÄUTERN

4 Port.

3 Std. 20 Min.

Leicht

Zutaten

4 Lachsfilets (je 170 g)
4 Tassen Spinat
1 Tasse Gurke, in Würfel geschnitten
1 Tasse Kirschtomaten, halbiert
½ Tasse rote Zwiebel, gehackt
¼ Tasse Olivenöl
2 EL Zitronensaft
2 Knoblauchzehen, gehackt
1 TL Dill, gehackt
Salz und Pfeffer nach Geschmack

Nährwerte p. P.

395 kcal
8 g Kohlenhydrate
23 g Fett
40 g Protein

1 Legen Sie die Lachsfilets in den Slow Cooker und würzen Sie sie mit Salz und Pfeffer. Geben Sie Spinat, Gurke, Kirschtomaten und rote Zwiebel über den Lachs.

2 In einer separaten Schüssel Olivenöl, Zitronensaft, Knoblauch, Dill, Salz und Pfeffer vermengen und über den Salat gießen.

3 Den Slow Cooker auf niedriger Stufe für 2 - 3 Stunden kochen lassen, bis der Lachs durchgegart und das Gemüse weich ist.

4 Den Lachs-Salat auf Teller anrichten und mit einem zusätzlichen Spritzer Zitronensaft garnieren. Servieren und genießen.

TACO-THUNFISCH-SALAT

4 Port.

3 Std.
10 Min.

Leicht

Zutaten

2 Dosen Thunfisch, abgetropft
1 Dose Kidneybohnen, abgespült und abgetropft
1 Dose Mais, abgespült und abgetropft
1 rote Zwiebel, gewürfelt
Je 1 rote und grüne Paprika, gewürfelt
½ Tasse Salsa
1 EL Taco-Gewürzmischung
1 EL Olivenöl
1 Kopf Romanasalat, in Streifen geschnitten
1 Avocado, entkernt und in Scheiben geschnitten
1 Tasse geriebener Cheddarkäse
¼ Tasse saure Sahne

Nährwerte p. P.

427 kcal
27 g Kohlenhydrate
24 g Fett
28 g Protein

1 Geben Sie Thunfisch, Kidneybohnen, Mais, Zwiebel, Paprika, Salsa, Taco-Gewürzmischung und Olivenöl in den Slow Cooker und vermischen Sie alles vorsichtig.

2 Stellen Sie den Slow Cooker auf niedrige Stufe und lassen Sie die Mischung für 2 – 3 Stunden kochen, bis alles gut durchgeheizt ist und die Aromen vermischt sind.

3 Verteilen Sie den Salat auf Teller und richten Sie die Thunfischmischung darauf an.

4 Garnieren Sie den Salat mit Avocado-Scheiben, geriebenem Cheddarkäse und saurer Sahne.

MEXIKANISCHER SCHICHTSALAT

4 Port. 4,5 Std. Leicht

Zutaten

1 Dose Kidneybohnen (400 g)
1 Dose Mais (400 g)
1 rote Zwiebel, gewürfelt
Je 1 rote und grüne Paprika, gewürfelt
1 Dose gewürfelte Tomaten (400 g)
1 Packung Taco-Gewürzmischung
500 g Hackfleisch
Salz und Pfeffer nach Geschmack
1 Kopf Eisbergsalat, gewaschen und in Stücke geschnitten
1 Dose schwarze Oliven (170 g), in Scheiben geschnitten
2 Avocados, entkernt und in Würfel geschnitten
2 Tassen geriebener Cheddarkäse
1 Tasse saure Sahne

Nährwerte p. P.

412 kcal
30 g Kohlenhydrate
25 g Fett
20 g Protein

1 Geben Sie die Kidneybohnen, den Mais, die Zwiebel und die Paprikawürfel in den Slow Cooker und rühren Sie vorsichtig um.

2 Fügen Sie die gewürfelten Tomaten und die Taco-Gewürzmischung hinzu und rühren Sie erneut um.

3 Braten Sie das Hackfleisch in einer Pfanne an und würzen Sie es mit Salz und Pfeffer. Geben Sie das gebratene Hackfleisch anschließend in den Slow Cooker und rühren Sie vorsichtig um.

4 Lassen Sie den Slow Cooker auf niedriger Stufe für 3-4 Stunden kochen, bis alles gut durchgeheizt ist und die Aromen vermischt sind.

5 Verteilen Sie den Eisbergsalat als erste Schicht auf einem Servierteller oder in einer Schüssel.

6 Richten Sie die Thunfischmischung als zweite Schicht darauf an. Verteilen Sie die schwarzen Oliven als dritte Schicht darauf.

7 Richten Sie die Avocados als vierte Schicht darauf an. Verteilen Sie den geriebenen Cheddarkäse als fünfte Schicht darauf.

8 Geben Sie die saure Sahne als letzte Schicht darauf. Servieren Sie den mexikanischen Schichtsalat und genießen Sie ihn!

THAI-STEAK-SALAT

4 Port. 5 Std. 15 Min. Leicht

Zutaten

500 g Rindfleisch, in dünne Scheiben geschnitten
2 Knoblauchzehen, gehackt
1 rote Chili, entkernt und gehackt
2 EL Sojasauce
1 EL Fischsauce
2 EL brauner Zucker
2 EL Limettensaft
1 EL geröstetes Sesamöl
1 EL Maisstärke
2 EL Wasser
Je 1 rote und gelbe Paprika, entkernt und in Streifen geschnitten
1 rote Zwiebel, in Streifen geschnitten
4 Tassen gemischte Salate
½ Tasse Korianderblätter
½ Tasse Minzblätter
¼ Tasse geröstete Erdnüsse, grob gehackt

Nährwerte p. P.

414 kcal
20 g Kohlenhydrate
22 g Fett
35 g Protein

1 Geben Sie das Rindfleisch in den Slow Cooker.

2 Mischen Sie in einer Schüssel Knoblauch, Chili, Sojasauce, Fischsauce, braunen Zucker, Limettensaft, Sesamöl, Maisstärke und Wasser. Gießen Sie diese Mischung vorsichtig über das Fleisch im Slow Cooker und rühren Sie es um.

3 Verteilen Sie die Paprika- und Zwiebelstreifen über dem Fleisch.

4 Lassen Sie den Slow Cooker auf niedriger Stufe für 4-5 Stunden kochen, bis das Fleisch gar ist und sich leicht zerkleinern lässt.

5 Verteilen Sie den Salat auf Teller und richten Sie das zerkleinerte Fleisch darauf an.

6 Streuen Sie Koriander- und Minzblätter sowie geröstete Erdnüsse darüber.

7 Servieren Sie den Thai-Steak-Salat.

Rezepte mit Fleisch

CHILI CON CARNE

4 Port. 4,5 Std. Leicht

Zutaten

500 g Rinderhackfleisch
1 Dose Kidneybohnen (400 g)
1 Dose gehackte Tomaten (400 g)
1 Zwiebel, gehackt
2 Knoblauchzehen, gehackt
1 rote Paprika, gewürfelt
2 TL gemahlener Kreuzkümmel
2 TL Paprikapulver
1 TL Chilipulver
½ TL Salz
¼ TL Pfeffer
300 ml Rinderbrühe

Optional:
1 kleine Dose Mais (140 g)

Nährwerte p. P.

295 kcal
18 g Kohlenhydrate
14 g Fett
23 g Protein

1 Dieses Chili-con-Carne-Rezept im Slow Cooker ist ein einfaches, aber köstliches Gericht, das perfekt für ein gemütliches Abendessen zu Hause ist. Mit einem ausgewogenen Nährwertprofil ist es auch eine gute Option für eine gesunde und sättigende Mahlzeit.

2 Braten Sie das Rinderhackfleisch in einer Pfanne bei mittlerer Hitze an, bis es braun und krümelig ist. Gießen Sie das überschüssige Fett ab und geben Sie das Hackfleisch in den Slow Cooker. Lassen Sie die Kidneybohnen abtropfen und geben Sie sie ebenfalls in den Slow Cooker.

3 Fügen Sie gehackte Tomaten, Zwiebel, Knoblauch, Paprika, Kreuzkümmel, Paprikapulver, Chilipulver, Salz und Pfeffer hinzu und vermischen Sie alles gut. Geben Sie die Rinderbrühe hinzu und mischen Sie alles erneut gut durch. Optional können Sie auch Mais hinzufügen und gut vermischen. Lassen Sie den Slow Cooker auf niedriger Stufe 6-8 Stunden oder auf hoher Stufe 3-4 Stunden kochen.

INDISCHES BUTTERHUHN

4 Port. 8 Std. Leicht

Zutaten

1 kg Hähnchenschenkel ohne Haut
1 Zwiebel, gehackt
4 Knoblauchzehen, gehackt
2 EL frisch geriebener Ingwer
1 Dose Tomaten (400 g)
1 TL Garam-Masala-Gewürzmischung
1 TL Kurkuma
1 TL Paprikapulver
½ TL Kreuzkümmel
½ TL Salz
¼ TL Pfeffer
100 g Butter, in Stücke geschnitten
100 ml Sahne
Frischer Koriander, zum Garnieren

Nährwerte p. P.

402 kcal
9 g Kohlenhydrate
28 g Fett
31 g Protein

1 Legen Sie die Hähnchenschenkel in den Slow Cooker. Anschließend fügen Sie Zwiebel, Knoblauch, Ingwer, Tomaten, Garam Masala, Kurkuma, Paprikapulver, Kreuzkümmel, Salz und Pfeffer hinzu und vermischen alles gut miteinander.

2 Schneiden Sie die Butter in Stücke und geben Sie sie in den Slow Cooker. Lassen Sie das Butterhuhn auf niedriger Stufe 6 - 8 Stunden oder auf hoher Stufe 3 – 4 Stunden kochen. Zum Schluss geben Sie die Sahne hinzu und vermischen alles gut. Garnieren Sie das Butterhuhn mit frischem Koriander und servieren Sie es.

SAUERBRATEN IN ROTWEINSOSSE

 4 Port.
 10 Std.
 Leicht

Zutaten

1 ½ kg Rindfleisch (z. B. Rinderbraten)
1 große Zwiebel, gehackt
3 Möhren, geschält und in Scheiben geschnitten
3 Stangen Sellerie, gehackt
1 Tasse Rotwein
1 Tasse Wasser
½ Tasse Rotweinessig
¼ Tasse brauner Zucker
2 Lorbeerblätter
10 Pfefferkörner
6 Wacholderbeeren
2 Nelken
1 TL Salz
2 EL Pflanzenöl
2 EL Mehl

Nährwerte p. P.

445 kcal
18 g Kohlenhydrate
21 g Fett
40 g Protein

1 Geben Sie das Rindfleisch in den Slow Cooker und verteilen Sie Zwiebel, Möhren und Sellerie darüber. In einer separaten Schüssel vermischen Sie bitte den Rotwein, das Wasser, den Rotweinessig, den braunen Zucker, die Lorbeerblätter, die Pfefferkörner, die Wacholderbeeren, die Nelken und das Salz zu einer Flüssigkeitsmischung und gießen diese über das Fleisch.

2 Stellen Sie nun bitte den Slow Cooker auf niedrige Hitze ein und lassen Sie den Sauerbraten 8-10 Stunden lang garen, bis das Fleisch zart ist. Anschließend nehmen Sie das Fleisch aus dem Slow Cooker und legen es auf einen Teller.

3 Gießen Sie die Flüssigkeit aus dem Slow Cooker durch ein Sieb in einen Topf. Erhitzen Sie in einem separaten Topf das Pflanzenöl und fügen Sie das Mehl hinzu. Braten Sie die Mehlpaste unter ständigem Rühren 2-3 Minuten lang, bis eine dunkle Paste entsteht.

4 Geben Sie die Flüssigkeit aus dem Slow Cooker in den Topf mit der Mehlpaste und bringen Sie die Soße unter ständigem Rühren zum Kochen, bis sie eingedickt ist. Gießen Sie die Soße über den Sauerbraten und servieren Sie das Gericht.

UNGARISCHE GULASCHSUPPE

4 Port.

8 Std.

Leicht

Zutaten

1 kg Rindfleisch, gewürfelt
2 große Zwiebeln, gehackt
3 Knoblauchzehen, gehackt
3 Paprikaschoten, in Streifen geschnitten
2 EL Tomatenmark
1 EL Paprikapulver
1 TL Kümmel
1 TL Majoran
1 Lorbeerblatt
1 l Rinderbrühe
2 EL Olivenöl
Salz und Pfeffer nach Geschmack

Optional:
2 EL saure Sahne

Nährwerte p. P.

386 kcal
14 g Kohlenhydrate
19 g Fett
39 g Protein

1 Geben Sie das Rindfleisch in den Slow Cooker und fügen Sie Olivenöl, Zwiebeln, Knoblauch und Paprikaschoten hinzu.

2 In einer kleinen Schüssel das Tomatenmark, das Paprikapulver, den Kümmel, den Majoran und das Lorbeerblatt vermengen. Die Gewürzmischung über das Fleisch geben und gut durchmischen.

3 Fügen Sie die Rinderbrühe hinzu und rühren Sie um, bis alle Zutaten gut vermischt sind.

4 Stellen Sie den Slow Cooker auf niedrige Hitze und kochen Sie die Suppe für 8 Stunden oder bis das Fleisch zart ist.

5 Zum Servieren Salz und Pfeffer nach Geschmack hinzufügen und mit saurer Sahne (optional) garnieren.

WILDSCHWEINKEULE MIT ZWIEBELN UND MÖHREN

4 Port.

9 Std.

Leicht

Zutaten

2 kg Wildschweinkeule, entbeint
2 Möhren, gehackt
2 Stangen Sellerie, gehackt
2 Zwiebeln, gehackt
4 Knoblauchzehen, gehackt
2 Lorbeerblätter
2 TL Thymian
2 TL Salz
1 TL Pfeffer
1 l Wildbrühe
2 EL Olivenöl

Nährwerte p. P.

485 kcal
8 g Kohlenhydrate
18 g Fett
69 g Protein

1 Entbeinen Sie die Wildschweinkeule und entfernen Sie alle Sehnen und Fettstücke. Schneiden Sie das Fleisch in große Würfel.

2 Geben Sie das Fleisch in den Slow Cooker und fügen Sie das Olivenöl, die Möhren, den Sellerie, die Zwiebeln und den Knoblauch hinzu.

3 Verteilen Sie die Lorbeerblätter, den Thymian, das Salz und den Pfeffer über dem Fleisch.

4 Gießen Sie die Wildbrühe über das Fleisch und rühren Sie um, um alle Zutaten gut zu mischen.

5 Stellen Sie den Slow Cooker auf niedrige Hitze und lassen Sie das Fleisch für 8 Stunden, oder bis es zart ist, kochen.

6 Nehmen Sie das Fleisch aus dem Slow Cooker und legen Sie es auf eine Servierplatte. Bedecken Sie das Fleisch mit Folie, um es warmzuhalten.

7 Gießen Sie die Flüssigkeit aus dem Slow Cooker durch ein Sieb in einen Topf. Bringen Sie die Flüssigkeit zum Kochen und kochen Sie sie für ca. 10-15 Minuten, um die Soße einzudicken.

8 Gießen Sie die Soße über das Fleisch und servieren Sie es heiß.

REHRAGOUT MIT SELLERIE UND MÖHREN

4 Port.

8 Std.
15 Min.

Leicht

Zutaten

1 ½ kg Rehragout (Hirschbraten)
2 Möhren, geschält und in Scheiben geschnitten
2 Stangen Sellerie, in Scheiben geschnitten
1 Zwiebel, gehackt
3 Knoblauchzehen, gehackt
1 Lorbeerblatt
2 Zweige frischer Rosmarin
2 Zweige frischer Thymian
500 ml Wildfond
250 ml Rotwein
Salz und Pfeffer
2 EL Olivenöl

Nährwerte p. P.

375 kcal
10 g Kohlenhydrate
14 g Fett
46 g Protein

1 Erhitzen Sie das Olivenöl in einer Pfanne bei mittlerer Hitze. Braten Sie das Rehragout von allen Seiten an, bis es goldbraun ist.

2 Schneiden Sie das Gemüse in Scheiben und geben Sie es in den Slow Cooker. Legen Sie das gebratene Rehragout darauf.

3 Fügen Sie den Wildfond und den Rotwein hinzu. Geben Sie den Knoblauch und die Zwiebel hinzu. Legen Sie das Lorbeerblatt und die Kräuter auf den Braten.

4 Stellen Sie den Slow Cooker auf niedrige Temperatur und lassen Sie das Gericht für 6-8 Stunden schmoren, bis das Fleisch zart ist.

5 Nehmen Sie den Braten aus dem Slow Cooker und lassen Sie ihn für 5 Minuten ruhen. Schneiden Sie ihn in Scheiben und servieren Sie ihn mit dem Gemüse und der Sauce aus dem Slow Cooker.

SHREDDED BEEF-BURRITOS

4 Port. 8,5 Std. Leicht

Zutaten

1 ½ kg Rinderbraten
1 Zwiebel, gehackt
4 Knoblauchzehen, gehackt
1 Jalapeño-Pfeffer, entkernt und gehackt
Je 1 rote und grüne Paprika, in Streifen geschnitten
1 Dose (400 g) gehackte Tomaten
1 EL Kreuzkümmel
2 TL Paprikapulver
1 TL Chilipulver
1 TL Salz
½ TL Pfeffer
12 Tortilla-Fladen
Frischer Koriander zum Garnieren

Nährwerte p. P.

500 kcal
56 g Kohlenhydrate
15 g Fett
36 g Protein

1 Legen Sie den Rinderbraten in den Slow Cooker. Geben Sie die Zwiebel, den Knoblauch, den Jalapeño-Pfeffer, die grüne und die rote Paprika hinzu.

2 Fügen Sie die gehackten Tomaten, den Kreuzkümmel, das Paprikapulver, das Chilipulver, das Salz und den Pfeffer hinzu. Rühren Sie um, um sicherzustellen, dass alles gut vermischt ist.

3 Stellen Sie den Slow Cooker auf niedrige Temperatur und lassen Sie das Gericht für 8 Stunden kochen, bis das Fleisch zart ist und leicht auseinanderfällt.

4 Nehmen Sie den Rinderbraten aus dem Slow Cooker und zerkleinern Sie das Fleisch mit zwei Gabeln. Rühren Sie es in der Sauce aus dem Slow Cooker um.

5 Erwärmen Sie die Tortilla-Fladen nach den Anweisungen auf der Verpackung. Verteilen Sie das zerkleinerte Rindfleisch auf die Tortilla-Fladen und rollen Sie sie zu Burritos.

6 Servieren Sie die Burritos mit frischem Koriander.

GULASCH JACKFRUIT

4 Port. 8,5 Std. Leicht

Zutaten

2 Dosen (je 400 g) junge Jackfruit, abgetropft und in mundgerechte Stücke zerrissen
1 große Zwiebel, gehackt
3 Knoblauchzehen, gehackt
2 Möhren, geschält und in Scheiben geschnitten
2 Paprika, gewürfelt
1 Dose (400 g) gehackte Tomaten
1 Tasse Gemüsebrühe
2 EL Tomatenmark
1 EL Paprikapulver
1 TL Kreuzkümmel
1 TL Oregano
1 TL Thymian
Salz und Pfeffer nach Geschmack
Frische Petersilie zum Garnieren

Nährwerte p. P.

120 kcal
24 g Kohlenhydrate
1 g Fett
5 g Protein

1 Legen Sie Jackfruit-Stücke, Zwiebel, Knoblauch, Möhren und Paprika in den Slow Cooker.

2 Geben Sie gehackte Tomaten, Gemüsebrühe, Tomatenmark, Paprikapulver, Kreuzkümmel, Oregano, Thymian, Salz und Pfeffer hinzu. Rühren Sie alles gut um, um sicherzustellen, dass alle Zutaten gut vermischt sind.

3 Stellen Sie den Slow Cooker auf niedrige Temperatur und lassen Sie das Jackfruit-Gulasch für 6-8 Stunden kochen, bis die Jackfruit weich und zart und die Sauce dick und würzig ist.

4 Servieren Sie das Jackfruit-Gulasch heiß und garnieren Sie es mit frischer Petersilie.

Rezepte mit Fisch

MAPLE SALMON

4 Port.

2,5 Std.

Leicht

Zutaten

4 Lachsfilets (je etwa 150–200 g)
½ Tasse Ahornsirup
¼ Tasse Sojasauce
¼ Tasse Wasser
2 Knoblauchzehen, gehackt
½ TL Ingwerpulver
¼ TL schwarzer Pfeffer
1 EL Maisstärke
1 EL Wasser

Optional:
ehackte Frühlingszwiebeln und Sesamsamen zum Garnieren

1 In einer Schüssel vermischen Sie den Ahornsirup, die Sojasauce, ¼ Tasse Wasser, den gehackten Knoblauch, das Ingwerpulver und den schwarzen Pfeffer. Geben Sie dann die Lachsfilets in den Slow Cooker und gießen Sie die Ahorn-Soja-Mischung darüber. Stellen Sie den Slow Cooker auf "niedrig" und lassen Sie den Lachs für etwa 2 Stunden oder bis er durchgegart ist köcheln.

2 Wenn der Lachs fertig ist, mischen Sie in einer kleinen Schüssel die Maisstärke und 1 EL Wasser und geben die Mischung in den Slow Cooker. Rühren Sie alles gut um und lassen Sie den Lachs weitere 10-15 Minuten köcheln, bis die Sauce eingedickt ist.

3 Nehmen Sie dann den Lachs aus dem Slow Cooker und legen Sie ihn auf Teller. Garnieren Sie ihn mit gehackten Frühlingszwiebeln und Sesamsamen und servieren Sie ihn.

Nährwerte p. P.

396 kcal
27 g Kohlenhydrate
16 g Fett
36 g Protein

FISCH IN SENFSOßE

4 Port.

3,5 Std.

Leicht

Zutaten

4 Fischfilets (z. B. Kabeljau oder Seelachs; je etwa 150–200 g)
1 Tasse Gemüsebrühe
½ Tasse Sahne
¼ Tasse Dijon-Senf
¼ Tasse Honig
1 EL Olivenöl
2 Knoblauchzehen, gehackt
½ TL Paprikapulver
Salz und Pfeffer nach Geschmack

Optional:
gehackte Petersilie oder Schnittlauch zum Garnieren

Nährwerte p. P.

368 kcal
19 g Kohlenhydrate
19 g Fett
31 g Protein

1 In einer Schüssel Gemüsebrühe, Sahne, Dijon-Senf, Honig, Olivenöl, gehackten Knoblauch und Paprikapulver vermischen.

2 Legen Sie die Fischfilets in den Slow Cooker und würzen Sie sie mit Salz und Pfeffer nach Geschmack.

3 Gießen Sie die Senfsoße über den Fisch und stellen Sie den Slow Cooker auf "niedrig". Lassen Sie den Fisch für etwa 2 - 3 Stunden köcheln, bis er durchgegart ist.

4 Wenn der Fisch fertig ist, nehmen Sie ihn aus dem Slow Cooker und legen ihn auf Teller.

5 Gießen Sie die Senfsoße aus dem Slow Cooker in einen Topf und erhitzen Sie sie auf dem Herd, bis sie eingedickt ist. Geben Sie bei Bedarf etwas mehr Senf hinzu, um den Geschmack zu verstärken.

6 Gießen Sie die Senfsoße über den Fisch und garnieren Sie ihn mit gehackter Petersilie oder Schnittlauch, falls gewünscht.

FORELLE IM SALZMANTEL

2 Port.

2 Std. 15 Min.

Leicht

Zutaten

2–3 kg grobes Meersalz
1 Zitrone, in Scheiben geschnitten
3 Zweige frischer Thymian
2 Knoblauchzehen, gehackt

Optional:
gehackte Petersilie zum Garnieren

Nährwerte p. P.

313 kcal
0 g Kohlenhydrate
14 g Fett
43 g Protein

1 Waschen Sie die Forellen gründlich und tupfen Sie sie trocken.

2 Verteilen Sie eine Schicht Meersalz auf dem Boden des Slow Cookers und legen Sie eine Forelle darauf.

3 Legen Sie die Zitronenscheiben, die Thymianzweige und den gehackten Knoblauch auf die Forelle und bedecken Sie sie vollständig mit dem restlichen Meersalz.

4 Schließen Sie den Deckel des Slow Cookers und stellen Sie ihn auf "niedrig". Lassen Sie die Forellen für etwa 2 Stunden köcheln.

5 Wenn die Zeit abgelaufen ist, nehmen Sie den Deckel des Slow Cookers ab und entfernen vorsichtig den Salzmantel. Nehmen Sie die Forellen aus dem Slow Cooker und legen Sie sie auf Teller.

6 Garnieren Sie die Forellen mit gehackter Petersilie, wenn gewünscht.

CHINESISCHER FISCH

2 Port.

2 Std.
15 Min.

Leicht

Zutaten

4–6 Fischfilets (z. B. Kabeljau oder Seebarsch; je etwa 150–200 g)
Je 1 rote und gelbe Paprika, in Streifen geschnitten
1 Zwiebel, in dünne Scheiben geschnitten
3 Knoblauchzehen, gehackt
1 daumengroßes Stück Ingwer, geschält und gehackt
¼ Tasse Sojasauce
2 EL Reiswein oder trockener Sherry
2 EL Honig
1 EL Maisstärke
1 EL Wasser

Optional:
gehackte Frühlingszwiebeln zum Garnieren

Nährwerte p. P.

265 kcal
18 g Kohlenhydrate
6 g Fett
34 g Protein

1 Legen Sie Paprikastreifen, Zwiebel, Knoblauch und Ingwer in den Boden des Slow Cookers.

2 Legen Sie die Fischfilets auf das Gemüse. In einer Schüssel Sojasauce, Reiswein oder Sherry und Honig mischen und über den Fisch gießen.

3 Stellen Sie den Slow Cooker auf "niedrig" und lassen Sie den Fisch für etwa 2 Stunden köcheln.

4 Wenn der Fisch fertig ist, entfernen Sie ihn vorsichtig aus dem Slow Cooker und legen ihn auf Teller.

5 In einer kleinen Schüssel Maisstärke und Wasser vermischen und dann in die Soße im Slow Cooker geben. Gut umrühren und den Fisch zurück in den Slow Cooker geben.

6 Stellen Sie den Slow Cooker auf "hoch" und lassen Sie die Soße für weitere 10 – 15 Minuten köcheln, bis sie eingedickt ist.

7 Servieren Sie den Fisch mit der Soße und garnieren Sie ihn mit gehackten Frühlingszwiebeln, wenn gewünscht.

ASIA-FISCH-CURRY

6 Port. | 3 Std. 15 Min. | Leicht

Zutaten

4–6 Fischfilets (z. B. Kabeljau oder Tilapia, je etwa 150–200 g)
1 Zwiebel, gewürfelt
3 Knoblauchzehen, gehackt
1 daumengroßes Stück Ingwer, geschält und gehackt
2 Möhren, geschält und in Scheiben geschnitten
Je 1 rote gelbe Paprika, in Streifen geschnitten
1 Dose (400 ml) ungesüßte Kokosmilch
2 EL rote Currypaste
1 EL Fischsauce
1 EL Limettensaft
1 TL brauner Zucker
1 EL Maisstärke
1 EL Wasser

Optional:
frische Korianderblätter zum Garnieren

Nährwerte p. P.

384 kcal
17 g Kohlenhydrate
26 g Fett
24 g Protein

1 Legen Sie Zwiebel, Knoblauch, Ingwer, Möhren und Paprika in den Boden des Slow Cookers.

2 Legen Sie die Fischfilets auf das Gemüse.

3 In einer Schüssel Kokosmilch, Currypaste, Fischsauce, Limettensaft und braunen Zucker mischen und über den Fisch gießen.

4 Stellen Sie den Slow Cooker auf "niedrig" und lassen Sie das Curry für etwa 2 – 3 Stunden köcheln.

5 Wenn das Curry fertig ist, entfernen Sie vorsichtig den Fisch aus dem Slow Cooker und legen ihn auf Teller.

6 In einer kleinen Schüssel 1 EL Maisstärke und 1 EL Wasser vermischen und dann in die Soße im Slow Cooker geben. Gut umrühren und das Curry zurück in den Slow Cooker geben.

7 Stellen Sie den Slow Cooker auf "hoch" und lassen Sie die Soße für weitere 10 – 15 Minuten köcheln, bis sie eingedickt ist.

8 Servieren Sie das Curry mit Reis und garnieren Sie es mit frischen Korianderblättern, wenn gewünscht.

PILZ-FISCH-POT

6 Port.

3 Std. 15Min.

Leicht

Zutaten

4–6 Fischfilets (z. B. Kabeljau oder Tilapia, je etwa 150–200 g)
500 g Pilze (z. B. Champignons, Shiitake oder Austernpilze), geputzt und in Scheiben geschnitten
1 Zwiebel, gewürfelt
3 Knoblauchzehen, gehackt
Je 1 TL getrockneter Thymian und Rosmarin
1 Tasse Gemüsebrühe
1 EL Olivenöl
Salz und Pfeffer nach Geschmack
1 EL Maisstärke
1 EL Wasser

Optional:
frische Petersilie zum Garnieren

Nährwerte p. P.

192 kcal
7 g Kohlenhydrate
7 g Fett
27 g Protein

1 Erhitzen Sie das Olivenöl in einer Pfanne bei mittlerer Hitze und braten Sie Pilze, Zwiebel und Knoblauch für 5-7 Minuten an, bis sie leicht gebräunt sind. Würzen Sie die Pilze mit Thymian, Rosmarin, Salz und Pfeffer nach Geschmack.

2 Legen Sie die angebratenen Pilze in den Boden des Slow Cookers. Legen Sie die Fischfilets auf die Pilze. Gießen Sie die Gemüsebrühe über den Fisch.

3 Stellen Sie den Slow Cooker auf "niedrig" und lassen Sie das Gericht für etwa 2 – 3 Stunden köcheln.

4 Wenn das Gericht fertig ist, entfernen Sie vorsichtig den Fisch aus dem Slow Cooker und legen ihn auf Teller.

5 In einer kleinen Schüssel 1 EL Maisstärke und 1 EL Wasser vermischen und dann in die Soße im Slow Cooker geben. Gut umrühren und das Gericht zurück in den Slow Cooker geben.

6 Stellen Sie den Slow Cooker auf "hoch" und lassen Sie die Soße für weitere 10 – 15 Minuten köcheln, bis sie eingedickt ist.

7 Servieren Sie das Gericht mit Reis und garnieren Sie es mit frischer Petersilie, wenn gewünscht.

FISCH IN TOMATEN-SALSA

6 Port.

3 Std.
20 Min.

Leicht

Zutaten

4–6 Fischfilets (z. B. Kabeljau oder Tilapia, je etwa 150–200 g)
3 Tomaten, gewürfelt
1 Zwiebel, gewürfelt
2 Knoblauchzehen, gehackt
¼ Tasse frischer Koriander, gehackt
1 EL Olivenöl
1 EL Limettensaft
1 TL Kreuzkümmel
1 TL Paprikapulver
Salz und Pfeffer nach Geschmack

Nährwerte p. P.

180 kcal
6 g Kohlenhydrate
7 g Fett
24 g Protein

1 Erhitzen Sie das Olivenöl in einer Pfanne bei mittlerer Hitze und braten Sie die Zwiebel und den Knoblauch für 2 - 3 Minuten an, bis sie weich sind.

2 Geben Sie gewürfelte Tomaten, Kreuzkümmel, Paprikapulver, Salz und Pfeffer hinzu und braten Sie alles für weitere 2 – 3 Minuten an.

3 Entfernen Sie die Pfanne vom Herd und fügen Sie den Limettensaft und den Koriander hinzu. Rühren Sie alles gut um.

4 Legen Sie die Fischfilets in den Slow Cooker.

5 Gießen Sie die Tomaten-Salsa über den Fisch.

6 Stellen Sie den Slow Cooker auf "niedrig" und lassen Sie das Gericht für etwa 2 – 3 Stunden köcheln.

7 Wenn das Gericht fertig ist, entfernen Sie vorsichtig den Fisch aus dem Slow Cooker und legen ihn auf Teller.

8 Garnieren Sie den Fisch mit der restlichen Tomaten-Salsa und servieren Sie ihn mit Reis oder Gemüse.

AFRIKANISCHES FISCHRAGOUT

6 Port.

4 Std.
10 Min.

Leicht

Zutaten

500 g Fischfilets, in Stücke geschnitten (z. B. Lachs, Kabeljau oder Tilapia)
1 Zwiebel, gehackt
2 Knoblauchzehen, gehackt
Je 1 rote und grüne Paprika, gewürfelt
1 Dose (400 g) gehackte Tomaten
1 Dose (400 g) Kichererbsen, abgetropft und abgespült
2 Tassen Gemüsebrühe
1 EL Tomatenmark
1 TL Kreuzkümmel
1 TL Kurkuma
1 TL Paprikapulver
¼ TL Cayennepfeffer
Salz und Pfeffer nach Geschmack
Frischer Koriander zum Garnieren

Nährwerte p. P.

280 kcal
32 g Kohlenhydrate
5 g Fett
27 g Protein

1 Geben Sie alle Zutaten (außer Fisch und Koriander) in den Slow Cooker und rühren Sie alles gut um. Legen Sie die Fischstücke auf die Gemüsemischung im Slow Cooker.

2 Stellen Sie den Slow Cooker auf "niedrig" und lassen Sie das Gericht für etwa 4 Stunden köcheln.

3 Wenn das Gericht fertig ist, rühren Sie vorsichtig um, um den Fisch und das Gemüse zu mischen.

4 Servieren Sie das Fischragout in tiefen Tellern, garniert mit frischem Koriander.

FISCH IM BIERTEIG

2 Port.

4 Std.
10 Min.

Leicht

Zutaten

500 g Fischfilet, in mundgerechte Stücke geschnitten (z. B. Kabeljau, Scholle oder Seelachs)
1 Tasse Mehl
1 TL Backpulver
½ TL Salz
½ TL Paprikapulver
½ TL Knoblauchpulver
1 Ei
1 Tasse Bier
2 EL Öl
Zitronenschnitze zum Servieren

Nährwerte p. P.

275 kcal
22 g Kohlenhydrate
10 g Fett
21 g Protein

1 In einer Schüssel sollten Sie Mehl, Backpulver, Salz, Paprikapulver und Knoblauchpulver vermengen.

2 In einer zweiten Schüssel sollten Sie das Ei schlagen und mit Bier und Öl vermischen.

3 Geben Sie nun die trockenen Zutaten zur Eiermischung und verrühren Sie alles zu einem glatten Teig.

4 Tauchen Sie die Fischstücke in den Teig und stellen Sie sicher, dass sie vollständig damit bedeckt sind.

5 Legen Sie die Fischstücke in den Slow Cooker und kochen Sie sie auf "hoch" für 2 – 3 Stunden oder bis der Teig goldbraun und knusprig ist.

6 Nehmen Sie den fertigen Fisch aus dem Slow Cooker und richten Sie ihn auf einem Teller an. Servieren Sie ihn mit Zitronenschnitzen.

SEELACHS SÜß-SAUER

2 Port. 3 Std. 15 Min. Leicht

Zutaten

500 g Seelachsfilet
1 Paprika, in Streifen geschnitten
1 Zwiebel, in Streifen geschnitten
1 Möhre, in dünne Scheiben geschnitten
1 Dose Ananasstücke, abgetropft
2 Knoblauchzehen, fein gehackt
1 TL Ingwerpulver
½ Tasse Apfelessig
½ Tasse Tomatenmark
¼ Tasse brauner Zucker
¼ Tasse Sojasauce
2 EL Maisstärke
2 EL Wasser
Salz und Pfeffer nach Geschmack

Optional:
gehackte Frühlingszwiebeln zum Garnieren

Nährwerte p. P.

285 kcal
34 g Kohlenhydrate
3 g Fett
30 g Protein

1 Schneiden Sie das Fischfilet in mundgerechte Stücke und würzen Sie es mit Salz und Pfeffer.

2 In einer Schüssel Apfelessig, Tomatenmark, braunen Zucker, Sojasauce, Knoblauch und Ingwerpulver gut verrühren.

3 Geben Sie das Gemüse und die Ananasstücke in den Slow Cooker und legen Sie die Fischstücke darauf. Gießen Sie die Sauce über den Fisch und das Gemüse.

4 Deckel auf den Slow Cooker legen und auf "hoch" für ca. 2-3 Stunden kochen lassen, bis der Fisch gar ist.

5 In einer kleinen Schüssel Maisstärke und Wasser vermischen und in den Slow Cooker geben. Rühren Sie die Mischung gut unter und lassen Sie das Gericht für weitere 10-15 Minuten köcheln, bis die Sauce eingedickt ist.

6 Den fertigen Fisch süß-sauer aus dem Slow Cooker nehmen und mit gehackten Frühlingszwiebeln garnieren.

Vegetarische Gerichte

ARROZ CON LECHE

SPANISCHER MILCHREIS

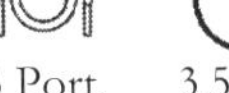

3 Port. 3,5 Std. Leicht

Zutaten

1 Tasse Arborio-Reis
4 Tassen Milch
1 Zimtstange
¼ TL Salz
½ Tasse Zucker
1 TL Vanilleextrakt
1 Zitronenschale, abgerieben
2 Eigelb
Zimt zum Garnieren

Nährwerte p. P.

335 kcal
63 g Kohlenhydrate
6 g Fett
8 g Protein

1 Geben Sie den Arborio-Reis, die Milch, die Zimtstange und das Salz in den Slow Cooker. Rühren Sie um, um sicherzustellen, dass alles gut vermischt ist.

2 Stellen Sie den Slow Cooker auf niedrige Temperatur und lassen Sie den Milchreis für 3 Stunden kochen.

3 Nach 3 Stunden fügen Sie den Zucker, das Vanilleextrakt und die Zitronenschale hinzu. Rühren Sie um, um sicherzustellen, dass alles gut vermischt ist.

4 Schlagen Sie die Eigelbe in einer separaten Schüssel auf. Fügen Sie nach und nach eine kleine Menge des heißen Milchreises hinzu, um die Eier zu temperieren.

5 Fügen Sie die Eier-Mischung dem Slow Cooker hinzu und rühren Sie um, um alles gut zu kombinieren. Lassen Sie den Milchreis für weitere 30 Minuten kochen.

6 Nehmen Sie die Zimtstange heraus und geben Sie den Milchreis in eine Servierschale. Bestreuen Sie ihn mit Zimt und servieren Sie ihn warm oder kalt.

RUMFORD GEMÜSECURRY

3 Port. 15 Std. Leicht

Zutaten

2 Zucchini, gewürfelt
2 Möhren, geschält und gewürfelt
1 Zwiebel, gehackt
Je 1 rote und grüne Paprika, gewürfelt
1 Dose (400 g) Kichererbsen, abgespült und abgetropft
2 Tassen Tomatensauce
1 Tasse Gemüsebrühe
1 EL Currypulver
1 TL Kreuzkümmel
½ TL Salz
¼ TL Cayennepfeffer
¼ TL Kurkuma
1 Tasse Basmatireis, gekocht
Frischer Koriander zum Garnieren

Nährwerte p. P.

330 kcal
67 g Kohlenhydrate
2 g Fett
10 g Protein

1 Legen Sie gewürfelte Zucchini, Möhren, Zwiebel, rote und grüne Paprika sowie die Kichererbsen in den Slow Cooker.

2 Geben Sie Tomatensauce, Gemüsebrühe, Currypulver, Kreuzkümmel, Salz, Cayennepfeffer und Kurkuma hinzu. Rühren Sie alles gut um, um sicherzustellen, dass alle Zutaten gut vermischt sind.

3 Stellen Sie den Slow Cooker auf niedrige Temperatur und lassen Sie das Gemüsecurry für 6 Stunden kochen, bis das Gemüse zart und die Sauce dick und würzig ist.

4 Servieren Sie das Gemüsecurry über dem gekochten Basmatireis und garnieren Sie es mit frischem Koriander.

ORIENTALISCHE LINSENSUPPE

4 Port.

8 Std.
15 Min.

Leicht

Zutaten

1 Tasse rote Linsen, abgespült und abgetropft
1 Zwiebel, gehackt
2 Möhren, gewürfelt
2 Stangen Sellerie, gewürfelt
2 Knoblauchzehen, gehackt
1 TL Kreuzkümmel
1 TL Paprika
½ TL Kurkuma
½ TL Zimt
4 Tassen Gemüsebrühe
1 Dose gehackte Tomaten (400 g)
Salz und Pfeffer nach Geschmack

Optional:
2 EL frischer Koriander, gehackt

Nährwerte p. P.

179 kcal
29 g Kohlenhydrate
2 g Fett
10 g Protein

1 Legen Sie den Slow Cooker mit Backpapier aus.

2 Fügen Sie die abgespülten und abgetropften Linsen, die gehackte Zwiebel, die gewürfelten Möhren, die gewürfelten Selleriestangen, die gehackten Knoblauchzehen, den Kreuzkümmel sowie Paprika, Kurkuma, Zimt, Salz und Pfeffer in den Slow Cooker.

3 Gießen Sie die Gemüsebrühe und die gehackten Tomaten darüber. Rühren Sie alles gut um.

4 Den Slow Cooker abdecken und die Linsensuppe auf niedriger Stufe für 6-8 Stunden oder auf hoher Stufe für 3-4 Stunden garen, bis die Linsen weich und die Suppe dickflüssig ist.

5 Vor dem Servieren mit gehacktem Koriander garnieren (optional).

6 Diese Linsensuppe ist eine leckere und nahrhafte Mahlzeit für jede Jahreszeit. Genießen Sie sie alleine oder servieren Sie sie mit frischem Brot oder Pita.

ENCHILADAS

4 Port. | 4 Std. 15 Min. | Leicht

Zutaten

12 Maistortillas
1 Dose Kidneybohnen (400 g), abgetropft und gespült
1 Dose Mais (400 g), abgetropft
Je 1 rote und grüne Paprika, gewürfelt
1 Zwiebel, gehackt
2 Knoblauchzehen, gehackt
1 Dose gehackte Tomaten (400 g)
1 Tasse Tomatensauce
1 TL Kreuzkümmel
½ TL Paprika
½ TL Oregano
½ TL Salz
1 ½ Tassen geriebener Cheddarkäse

Optional:
frische Kräuter oder saure Sahne
¼ TL Cayennepfeffer

Nährwerte p. P.

478 kcal
57 g Kohlenhydrate
18 g Fett
22 g Protein

1 Legen Sie den Slow Cooker mit Backpapier aus.

2 Fügen Sie die abgetropften Kidneybohnen, den Mais, die gewürfelten roten und grünen Paprika, die gehackte Zwiebel, den gehackten Knoblauch, die gehackten Tomaten, die Tomatensauce sowie Kreuzkümmel, Paprika, Oregano, Salz und Cayennepfeffer (optional) hinzu. Rühren Sie alles gut um.

3 Erhitzen Sie die Maistortillas kurz in der Mikrowelle oder in einer Pfanne, um sie weich zu machen.

4 Legen Sie eine Schicht Tortillas auf den Boden des Slow Cookers, um den Boden zu bedecken.

5 Löffeln Sie eine Schicht der Bohnen-Mais-Mischung auf die Tortillas und streuen Sie eine Handvoll geriebenen Cheddarkäse darüber.

6 Legen Sie eine weitere Schicht Tortillas auf die Mischung, gefolgt von einer weiteren Schicht Bohnen-Mais-Mischung und geriebenem Cheddarkäse. Wiederholen Sie den Vorgang, bis alle Zutaten aufgebraucht sind.

7 Decken Sie den Slow Cooker ab und kochen Sie die Enchiladas auf niedriger Stufe für 3-4 Stunden.

Optional: Vor dem Servieren mit frischen Kräutern oder saurer Sahne garnieren.

SÜẞKARTOFFELCURRY

4 Port. 8,5 Std. Leicht

Zutaten

2 große Süßkartoffeln, geschält und gewürfelt
1 Zwiebel, gehackt
2 Knoblauchzehen, gehackt
1 Dose Kichererbsen, abgetropft und gespült
1 Dose gehackte Tomaten
1 Tasse Gemüsebrühe
1 Tasse Kokosmilch
1 EL Currypulver
1 TL Kreuzkümmel
1 TL Paprikapulver
Salz und Pfeffer nach Geschmack
Frischer Koriander zum Garnieren

Nährwerte p. P.

287 kcal
38 g Kohlenhydrate
13 g Fett
7 g Protein

1 Legen Sie den Boden des Slow Cookers mit Backpapier aus.

2 Geben Sie die gewürfelten Süßkartoffeln, die gehackte Zwiebel, den gehackten Knoblauch und die abgetropften Kichererbsen in den Slow Cooker.

3 Geben Sie die Dose gehackte Tomaten, die Gemüsebrühe, die Kokosmilch sowie Currypulver, Kreuzkümmel, Paprikapulver, Salz und Pfeffer hinzu und rühren Sie alles gut um.

4 Stellen Sie den Slow Cooker auf niedrige Stufe und lassen Sie das Curry für 6 – 8 Stunden köcheln, bis die Süßkartoffeln weich sind.

5 Rühren Sie das Curry gelegentlich um, um sicherzustellen, dass es gleichmäßig gekocht wird.

6 Servieren Sie das Curry mit frischem Koriander als Garnitur.

VEGETARISCHE MANTI

4 Port. 4,5 Std. Leicht

Zutaten

500 g Manti-Teig (alternativ: Wonton-Teig)
500 g Quark
1 Zwiebel, gehackt
2 Knoblauchzehen, gehackt
2 EL Olivenöl
1 TL Paprikapulver
1 TL Kreuzkümmel
1 TL Salz
1 Prise schwarzer Pfeffer
1 Dose gehackte Tomaten
500 ml Gemüsebrühe
Frische Petersilie zum Garnieren

Nährwerte p. P.

374 kcal
39 g Kohlenhydrate
16 g Fett
19 g Protein

1 Die Manti-Teigplatten in kleine Quadrate schneiden (ca. 2,5 x 2,5 cm) und beiseitestellen.

2 In einer Pfanne die Zwiebel und den Knoblauch in Olivenöl glasig dünsten.

3 Fügen Sie Quark, Paprikapulver, Kreuzkümmel, Salz und Pfeffer hinzu und rühren Sie alles gut um, bis eine homogene Mischung entsteht.

4 Geben Sie die gefüllten Manti-Teigplatten in den Slow Cooker. Geben Sie die Dose gehackte Tomaten und die Gemüsebrühe hinzu und rühren Sie alles vorsichtig um, damit die Manti-Teigplatten bedeckt sind.

5 Stellen Sie den Slow Cooker auf niedrige Stufe und lassen Sie das Gericht für 3 – 4 Stunden köcheln, bis die Manti-Teigplatten weich und durchgegart sind.

6 Richten Sie das Gericht an und garnieren Sie es mit frischer Petersilie.

MINESTRONE

 4 Port.

 8 Std. 20 Min.

 Leicht

Zutaten

2 mittelgroße Zwiebeln, gehackt
3 Knoblauchzehen, gehackt
2 mittelgroße Möhren, gewürfelt
2 Stangen Sellerie, gewürfelt
1 kleine Zucchini, gewürfelt
1 kleine Dose Tomatenmark
1 Dose gehackte Tomaten
4 Tassen Gemüsebrühe
1 Dose weiße Bohnen, abgetropft und gespült
½ Tasse kleine Nudeln (z. B. Ditalini)
2 TL italienische Gewürzmischung
Salz und Pfeffer nach Geschmack
¼ Tasse gehackte frische Petersilie

Optional:
¼ Tasse geriebener Parmesan

Nährwerte p. P.

216 kcal
38 g Kohlenhydrate
3 g Fett
10 g Protein

1 Sie beginnen damit, die Zwiebeln, den Knoblauch, die Möhren, den Sellerie und die Zucchini in den Slow Cooker zu geben. Anschließend fügen Sie das Tomatenmark, die gehackten Tomaten, die Gemüsebrühe, die weißen Bohnen und die italienische Gewürzmischung hinzu und rühren alles gut um.

2 Den Slow Cooker stellen Sie nun auf niedrige Stufe und lassen die Minestrone für 6-8 Stunden kochen, bis das Gemüse weich ist. Fügen Sie dann die Nudeln hinzu und lassen diese weitere 20-30 Minuten kochen, bis sie al dente sind.

3 Schmecken Sie die Suppe mit Salz und Pfeffer ab und servieren Sie sie in Suppenschalen. Garnieren Sie das Gericht mit gehackter Petersilie und optional mit geriebenem Parmesan.

Vegane Gerichte

KICHERERBSENCURRY

4 Port.

8 Std. 20 Min.

Leicht

Zutaten

2 Dosen Kichererbsen (à 400 g), abgespült und abgetropft
1 Zwiebel, gehackt
2 Knoblauchzehen, gehackt
2 Möhren, gewürfelt
2 Tomaten, gewürfelt
1 rote Paprika, gewürfelt
1 Tasse Gemüsebrühe
1 Dose Kokosmilch (400 ml)
2 TL Currypulver
1 TL Kreuzkümmel
1 TL Koriander
1 TL Kurkuma
Salz und Pfeffer nach Geschmack

Optional:
2 EL frischer Koriander, gehackt

Nährwerte p. P.

276 kcal
38 g Kohlenhydrate
9 g Fett
12 g Protein

1 Legen Sie den Slow Cooker mit Backpapier aus.

2 Fügen Sie die abgespülten und abgetropften Kichererbsen, die gehackte Zwiebel, die gehackten Knoblauchzehen, die gewürfelten Möhren, die gewürfelten Tomaten und die gewürfelte Paprika in den Slow Cooker.

3 Gießen Sie die Gemüsebrühe und die Kokosmilch darüber.

4 Fügen Sie Currypulver, Kreuzkümmel, Koriander, Kurkuma, Salz und Pfeffer hinzu und rühren Sie alles gut um.

5 Den Slow Cooker abdecken und das Kichererbsencurry auf niedriger Stufe für 6 – 8 Stunden oder auf hoher Stufe für 3 – 4 Stunden garen, bis das Gemüse weich und das Curry dickflüssig ist.

Optional: Vor dem Servieren mit gehacktem Koriander garnieren.

KRÄUTERRÜHREI

4 Port.

3 Std.
10 Min.

Leicht

Zutaten

1 Block Tofu (fest)
¼ Tasse pflanzliche Milch
1 EL Olivenöl
¼ TL Kurkuma
¼ TL Knoblauchpulver
¼ TL Zwiebelpulver
Salz und Pfeffer nach Geschmack
Eine Handvoll frische Kräuter (z. B. Petersilie, Schnittlauch oder Koriander)

Nährwerte p. P.

105 kcal
2 g Kohlenhydrate
7 g Fett
8 g Protein

1 Geben Sie den Tofu in den Slow Cooker und zerkleinern Sie ihn mit einer Gabel, bis er krümelig wird. Fügen Sie pflanzliche Milch, Olivenöl, Kurkuma, Knoblauchpulver, Zwiebelpulver, Salz und Pfeffer hinzu und rühren Sie alles gut um, bis es gut vermischt ist. Stellen Sie den Slow Cooker auf niedrige Stufe und kochen Sie das Rührei für 2-3 Stunden, bis es gut durchgegart ist.

2 Hacken Sie die frischen Kräuter fein und fügen Sie sie kurz vor dem Servieren zum Rührei hinzu. Das vegane Rührei mit Kräutern aus dem Slow Cooker ist eine schnelle und einfache Mahlzeit, die ideal für ein gesundes Frühstück oder eine schnelle Mahlzeit ist. Es ist auch eine großartige Möglichkeit, eifreie Rezepte zu genießen und gleichzeitig genügend Protein und Nährstoffe zu erhalten.

FRITTATA

4 Port.

4 Std.
15 Min.

Leicht

Zutaten

1 Block Tofu (fest oder extra-fest)
¼ Tasse pflanzliche Milch
¼ Tasse Kichererbsenmehl
2 EL Olivenöl
1 TL Knoblauchpulver
1 TL Zwiebelpulver
1 TL Paprikapulver
1 TL Salz
½ TL Pfeffer
1 kleine Zwiebel, fein gehackt
2 Knoblauchzehen, fein gehackt
Je 1 kleine rote und gelbe Paprika, gewürfelt
1 kleine Zucchini, gewürfelt
½ Tasse gehackte Tomaten

Optional:
Frische Kräuter zum Garnieren

Nährwerte p. P.

216 kcal
10 g Kohlenhydrate
14 g Fett
14 g Protein

1 Geben Sie den Tofu in den Slow Cooker und zerkleinern Sie ihn mit einer Gabel, bis er krümelig wird. Fügen Sie pflanzliche Milch, Kichererbsenmehl, Olivenöl, Knoblauchpulver, Zwiebelpulver, Paprikapulver, Salz und Pfeffer hinzu und rühren Sie alles gut um, bis alles gut vermischt ist.

2 Geben Sie die gehackte Zwiebel, die gehackten Knoblauchzehen, die Paprikawürfel und die Zucchiniwürfel hinzu und rühren Sie vorsichtig um. Geben Sie die gehackten Tomaten darüber und rühren Sie alles vorsichtig um, bis alles gleichmäßig verteilt ist. Stellen Sie den Slow Cooker auf niedrige Stufe und lassen Sie die Frittata 3-4 Stunden lang kochen, bis sie gut durchgegart ist.

Optional: Nehmen Sie die vegane Frittata aus dem Slow Cooker, geben Sie sie auf einen Teller und garnieren Sie sie mit frischen Kräutern.

VEGANE JACKFRUIT-TACOS

4 Port. | 6 Std. 15 Min. | Leicht

Zutaten

1 große Zwiebel, gehackt
3 Knoblauchzehen, gehackt
Je 1 rote, gelbe und grüne Paprika, in Streifen geschnitten
1 Dose Tomaten, gehackt
2 EL Tomatenmark
2 TL Kreuzkümmel
2 TL Chilipulver
1 TL Paprikapulver
½ TL Cayennepfeffer
1 TL Salz
½ TL Pfeffer
500 ml Gemüsebrühe
1 Limette, Saft
Mais- oder Weizen-Tortillas

Optionale Toppings:
Avocado, gehackte Tomaten, gehackter Koriander, veganer Sauerrahm

Nährwerte p. P.

287 kcal
52 g Kohlenhydrate
4 g Fett
10 g Protein

1 Lassen Sie die Jackfruit abtropfen und zerteilen Sie sie in mundgerechte Stücke. Geben Sie die Zwiebel, den Knoblauch und die Paprika in den Slow Cooker und vermischen Sie alles gut.

2 Fügen Sie gehackte Tomaten, Tomatenmark, Gewürze und Gemüsebrühe hinzu und rühren Sie gut um.

3 Fügen Sie die Jackfruit-Stücke hinzu und rühren Sie erneut um, bis alles gut vermischt ist.

4 Stellen Sie den Slow Cooker auf niedrige Hitze ein und lassen Sie das Gericht 4 – 6 Stunden köcheln, bis die Jackfruit zart ist.

5 Vor dem Servieren drücken Sie bitte den Limettensaft über das Gericht aus und rühren es um.

6 Erwärmen Sie die Tortillas und verteilen Sie das Jackfruit-Gemüse darauf.

7 Garnieren Sie das Gericht nach Belieben mit den gewünschten Toppings und servieren Sie es.

KÜRBIS-QUINOA-TOPF

4 Port.

8 Std.
15 Min.

Leicht

Zutaten

2 Möhren, geschält und in Scheiben geschnitten
2 Stangen Sellerie, in Scheiben geschnitten
1 Zwiebel, gehackt
2 Knoblauchzehen, gehackt
1 Tasse Quinoa, gewaschen
1 Dose Kichererbsen, abgetropft und gespült
4 Tassen Gemüsebrühe
1 TL Kreuzkümmel
1 TL Paprikapulver
1 TL Currypulver
1 TL Salz
½ TL Pfeffer
¼ Tasse Kokosmilch

Optional:
gehackte Petersilie zum Garnieren

Nährwerte p. P.

284 kcal
53 g Kohlenhydrate
4 g Fett
11 g Protein

1 Um den veganen Kürbis-Quinoa-Eintopf im Slow Cooker zuzubereiten, geben Sie bitte zuerst Kürbiswürfel, Möhren, Sellerie, Zwiebel und Knoblauch in den Slow Cooker und vermischen alles gut.

2 Fügen Sie anschließend gewaschene Quinoa, abgetropfte Kichererbsen, Gemüsebrühe und Gewürze hinzu und rühren Sie erneut gut um, damit alle Zutaten gut verteilt sind.

3 Stellen Sie den Slow Cooker auf niedrige Hitze ein und lassen Sie das Gericht 6 – 8 Stunden köcheln, bis das Gemüse weich und die Quinoa gar ist.

4 Bevor Sie den Eintopf servieren, rühren Sie bitte die Kokosmilch in den Topf ein und vermischen alles gründlich.

5 Wenn Sie möchten, können Sie den Eintopf mit gehackter Petersilie garnieren, um das Gericht farbenfroher und geschmackvoller zu gestalten.

SELLERIE-KNOBLAUCH-POT

4 Port.

8 Std.
20 Min.

Leicht

Zutaten

2 Dosen schwarze Bohnen, abgetropft und gespült
1 Dose Kichererbsen, abgetropft und gespült
1 große Zwiebel, gehackt
2 Knoblauchzehen, gehackt
2 Möhren, gewürfelt
2 Stangen Sellerie, gewürfelt
Je 1 rote und grüne Paprika, gewürfelt
1 Dose stückige Tomaten
2 Tassen Gemüsebrühe
1 TL Kreuzkümmel
1 TL Paprika
1 TL Chilipulver
Salz und Pfeffer nach Geschmack
1 Tasse Mais
1 Limette, entsaftet

Optional:
frische Korianderblätter, gehackt

Nährwerte p. P.

294 kcal
55 g Kohlenhydrate
3 g Fett
16 g Protein

1 Geben Sie die abgetropften und gespülten schwarzen Bohnen und Kichererbsen, die gehackte Zwiebel, den gehackten Knoblauch, die gewürfelten Möhren und Selleriestangen sowie die gewürfelten Paprikaschoten in den Slow Cooker. Rühren Sie alles gut um.

2 Fügen Sie die Dose stückige Tomaten, 2 Tassen Gemüsebrühe, Kreuzkümmel, Paprika, Chilipulver, Salz und Pfeffer hinzu und rühren Sie erneut um, bis alles gut vermischt ist.

3 Stellen Sie den Slow Cooker auf niedrige Hitze ein und lassen Sie den Eintopf für 6 – 8 Stunden köcheln, bis das Gemüse weich ist und die Aromen vereint sind.

4 Fügen Sie den Mais hinzu und rühren Sie ihn in den Eintopf.

5 Vor dem Servieren drücken Sie den Limettensaft über dem Eintopf aus und rühren alles nochmals um. Garnieren Sie den Eintopf mit frischen Korianderblättern, falls gewünscht.

LAUCH-ROSENKOHL-KUCHEN

 8 Port.

 6,5 Std.

 Leicht

Zutaten

500 g Rosenkohl, geputzt und halbiert
2 mittelgroße Lauchstangen, in dünne Scheiben geschnitten
1 Zwiebel, gehackt
2 Knoblauchzehen, gehackt
½ Tasse ungesüßte Mandelmilch
½ Tasse ungesüßtes Sojajoghurt
½ Tasse Vollkornmehl
2 EL Olivenöl
1 TL Salz
¼ TL Pfeffer

Optional:
veganer Käse zum Überbacken

Nährwerte p. P.

219 kcal
24 g Kohlenhydrate
10 g Fett
9 g Protein

1 Verteilen Sie Rosenkohl, Lauch, Zwiebel und Knoblauch gleichmäßig im Slow Cooker.

2 In einer separaten Schüssel Mandelmilch, Sojajoghurt, Vollkornmehl, Olivenöl, Salz und Pfeffer vermischen, bis eine glatte Masse entsteht.

3 Gießen Sie die Masse über das Gemüse im Slow Cooker und achten Sie darauf, dass alles gut bedeckt ist.

4 Stellen Sie den Slow Cooker auf niedrige Hitze ein und lassen Sie den Kuchen 4 – 6 Stunden lang kochen, bis er fest und goldbraun ist.

Optional: Streuen Sie veganen Käse auf den Kuchen und lassen Sie ihn noch weitere 15–20 Minuten im Slow Cooker schmelzen.

Fingerfood & Snacks

HAWAII-HÄPPCHEN

4 Port.

3,5 Std.

Leicht

Zutaten

1 Dose Ananasstücke
500 g Hähnchenbrustfilet
125 ml Ketchup
60 ml Sojasoße
50 g brauner Zucker
60 ml Apfelessig
2 Knoblauchzehen, gehackt
½ TL Ingwerpulver
¼ TL Cayennepfeffer
¼ TL schwarzer Pfeffer
150 ml Wasser
50 g Maisstärke
2 EL Sesamsamen

Nährwerte p. P.

320 kcal
44 g Kohlenhydrate
4 g Fett
28 g Protein

1 Sie lassen zuerst die Ananasstücke abtropfen und heben den Saft auf. Anschließend schneiden Sie die Hähnchenbrustfilets in kleine Stücke.

2 Geben Sie Ketchup, Sojasoße, braunen Zucker, Apfelessig, gehackten Knoblauch, Ingwerpulver, Cayennepfeffer, schwarzen Pfeffer und den Ananassaft in den Slow Cooker und vermischen Sie alles gut.

3 Fügen Sie die Hähnchenstücke hinzu und vermischen Sie sie mit der Sauce, so dass alle Stücke bedeckt sind.

4 Stellen Sie den Slow Cooker auf niedrige Hitze und lassen Sie das Hähnchen für 2 – 3 Stunden garen, bis es durchgegart ist.

5 In einer kleinen Schüssel vermischen Sie Maisstärke und Wasser gut und geben das Gemisch langsam in den Slow Cooker, während Sie die Hähnchenstücke umrühren. Rühren Sie weiter, bis die Sauce eingedickt ist.

6 Zuletzt fügen Sie die Ananasstücke hinzu und lassen alles weitere 10-15 Minuten garen, bis die Ananasstücke heiß sind.

7 Streuen Sie Sesamsamen über das Gericht und servieren Sie es warm.

KLEINE CHEESEBURGER FÜR UNTERWEGS

4 Port.

4 Std. 20 Min.

Leicht

Zutaten

450 g Rinderhackfleisch
1 Ei
¼ Tasse Semmelbrösel
¼ Tasse Milch
¼ Tasse geriebener Cheddarkäse
¼ Tasse gehackte Zwiebel
1 Teelöffel Salz
½ Teelöffel Pfeffer
12 kleine Brötchen
12 Scheiben Cheddarkäse

Optional:
Ketchup, Senf, Gurkenscheiben, Tomatenscheiben

Nährwerte p. P.

184 kcal
11 g Kohlenhydrate
10 g Fett
12 g Protein

1 Salz und Pfeffer in eine große Schüssel und vermengen Sie alles gut.

2 Formen Sie kleine Pattys aus der Masse und legen Sie diese in den Slow Cooker. Lassen Sie die Pattys für 3-4 Stunden auf niedriger Hitze garen.

3 Schneiden Sie in der Zwischenzeit die Brötchen in der Mitte auf und legen Sie die untere Hälfte in den Slow Cooker. Legen Sie auf jedes Patty eine Scheibe Cheddarkäse und platzieren Sie die obere Hälfte des Brötchens darauf.

Optional: Sie können optional noch Ketchup, Senf, Gurkenscheiben und Tomatenscheiben hinzufügen. Servieren Sie die Mini-Cheeseburger und genießen Sie!

TOMATEN IM TEIGMANTEL

4 Port.

3 Std.
15 Min.

Leicht

Zutaten

2 Tomaten
1 Blätterteigrolle
1 Knoblauchzehe, gehackt
1 EL Olivenöl
Salz und Pfeffer nach Geschmack
100 g geriebener Parmesan

Nährwerte p. P.

235 kcal
19 g Kohlenhydrate
16 g Fett
5 g Protein

1 Stellen Sie den Slow Cooker auf mittlere Hitze ein. Schneiden Sie die Tomaten in kleine Stücke und geben Sie diese in den Slow Cooker. Fügen Sie Knoblauch, Olivenöl, Salz und Pfeffer hinzu und vermischen Sie alles gut.

2 Rollen Sie den Blätterteig aus und schneiden Sie ihn in kleine Quadrate. Legen Sie jedes Blätterteig-Quadrat über ein Tomatenstück und falten Sie die Ecken des Teigs zusammen, so dass die Tomate bedeckt ist. Legen Sie die Blätterteig-Tomaten in den Slow Cooker und streuen Sie den geriebenen Parmesan darüber.

3 Decken Sie den Slow Cooker ab und lassen Sie alles für 2-3 Stunden garen, bis der Blätterteig goldbraun ist. Nehmen Sie das Tomaten-Blätterteig-Fingerfood aus dem Slow Cooker und servieren Sie es. Beachten Sie, dass dieses Rezept beliebig angepasst werden kann, indem man verschiedene Gewürze oder Käsesorten verwendet.

FIXE CRÊPE-SPIEẞE

4 Port.

2 Std.
20 Min.

Leicht

Zutaten

500 g Mehl
2 Eier
250 ml Milch
250 ml Tasse Wasser
2 EL Butter, geschmolzen
½ TL Salz
¼ TL Pfeffer
Je ½ TL getrockneter Oregano und Thymian
Je ½ TL Paprikapulver, Knoblauchpulver und Zwiebelpulver
50 g Cherrytomaten
1 Pck. Mini-Mozzarellakugeln
1 Pck. Mini-Salami-Scheiben
Holzspieße

1 In einer Schüssel sollten Sie das Mehl, die Eier, die Milch, das Wasser, die geschmolzene Butter, das Salz und den Pfeffer zu einem glatten Teig verrühren.

2 Anschließend sollten Sie Oregano, Thymian, Paprikapulver, Knoblauchpulver und Zwiebelpulver hinzufügen und gut vermengen.

3 Den Slow Cooker sollten Sie auf mittlere Hitze einstellen und den Teig hineingeben.

4 Lassen Sie den Teig für 1-2 Stunden garen, bis er fest ist und sich leicht vom Rand des Slow Cookers lösen lässt.

5 Entnehmen Sie den Crêpe aus dem Slow Cooker und schneiden Sie ihn in kleine Quadrate.

6 Abwechselnd sollten Sie Cherrytomaten, Mini-Mozzarellakugeln und Mini-Salami-Scheiben auf Holzspieße stecken.

7 Jeden Spieß sollten Sie mit einem Crêpe-Quadrat umwickeln und auf einer Servierplatte anrichten.

Nährwerte p. P.

270 kcal
18 g Kohlenhydrate
16 g Fett
13 g Protein

Optional: Sie können die Spießchen mit frischen Kräutern garnieren.

PIZZA-SNACK-RÖLLCHEN

4 Port.

2,5 Std.

Leicht

Zutaten

1 Päckchen Pizzateig
150 ml Pizza- oder Tomatensauce
100 g geriebener Mozzarella
50 g geriebener Parmesan
50 g gehackte Peperoni
50 g gehackte grüne Paprika
50 g gehackte Zwiebel
50 g Tasse gehackte schwarze Oliven

Nährwerte p. P.

214 kcal
22 g Kohlenhydrate
10 g Fett
9 g Protein

1 Sie rollen den Pizzateig aus und legen ihn auf eine mit Backpapier ausgelegte Fläche. Anschließend verteilen Sie die Pizza- oder Tomatensauce auf dem Pizzateig. Den geriebenen Mozzarella, den Parmesan, die gehackte Peperoni, die grüne Paprika, die gehackte Zwiebel und die gehackten schwarzen Oliven verteilen Sie gleichmäßig auf der Sauce.

2 Rollen Sie den Pizzateig von der Längsseite her eng auf und schneiden Sie ihn in 2,5 cm dicke Scheiben. Legen Sie die Scheiben in den Slow Cooker und garen Sie sie auf niedriger Stufe für 1-2 Stunden, bis der Teig durchgebacken und der Käse geschmolzen ist. Anschließend nehmen Sie die Snackrolls aus dem Slow Cooker und servieren sie.

Desserts

BAYRISCHE CREME

4 Port.

4 Std.
10 Min.

Leicht

Zutaten

500 ml Vollmilch
2 Päckchen Vanillepuddingpulver
100 g Zucker
1 TL Vanilleextrakt
500 ml Schlagsahne
5 Blatt Gelatine
50 ml Wasser

Nährwerte p. P.

379 kcal
28 g Kohlenhydrate
27 g Fett
5 g Protein

1 In einer Schüssel sollten Sie das Puddingpulver mit dem Zucker und dem Vanilleextrakt vermischen. Geben Sie dann nach und nach die Vollmilch hinzu und rühren Sie gut um, bis alles gut vermischt ist. Anschließend sollten Sie die Mischung in den Slow Cooker geben und für 2 Stunden auf niedriger Stufe erhitzen, dabei regelmäßig umrühren.

2 In der Zwischenzeit sollten Sie die Gelatineblätter in kaltem Wasser einweichen. Wenn der Pudding im Slow Cooker fertig ist, nehmen Sie bitte die eingeweichte Gelatine aus dem Wasser und lösen sie in einem kleinen Topf bei niedriger Hitze auf.

3 Geben Sie die aufgelöste Gelatine in den Slow Cooker und rühren Sie alles gut um. Als Nächstes sollten Sie die Schlagsahne steif schlagen und vorsichtig unter die Puddingmasse heben. Lassen Sie die Bayrische Creme für weitere 2 Stunden im Kühlschrank abkühlen.

MINI-KÄSEKUCHEN

6 Port. | 2 Std. 20 Min. | Leicht

Zutaten

250 g Frischkäse
50 g Zucker
1 Ei
1 TL Vanilleextrakt
100 g Keksbrösel
50 g geschmolzene Butter
¼ TL Salz

Nährwerte p. P.

154 kcal
8 g Kohlenhydrate
12 g Fett
3 g Protein

1 Mischen Sie die Keksbrösel, die geschmolzene Butter und das Salz in einer Schüssel, bis die Brösel vollständig mit der Butter vermischt sind.

2 Nehmen Sie kleine Papierförmchen und legen Sie jeweils einen EL der Keksbröselmischung auf den Boden.

3 Drücken Sie die Bröselmischung in den Papierförmchen mit einem Löffel oder den Fingern fest.

4 In einer anderen Schüssel Frischkäse, Zucker, Ei und Vanilleextrakt glatt rühren. Gießen Sie die Käsemischung in die Papierförmchen und füllen Sie sie etwa bis zur Hälfte.

5 Legen Sie die Papierförmchen in den Slow Cooker und kochen Sie sie 2 Stunden auf niedriger Stufe.

6 Nach dem Kochen die Mini-Käsekuchen abkühlen lassen und aus den Papierförmchen nehmen.

7 Die Mini-Käsekuchen im Kühlschrank aufbewahren und genießen.

BRATÄPFEL MIT NÜSSEN

6 Port.

2 Std.
20 Min.

Leicht

Zutaten

4 Äpfel (am besten säuerliche Sorten wie Boskop oder Elstar)
50 g gemischte Nüsse (z. B. Walnüsse, Mandeln, Haselnüsse), grob gehackt
2 EL brauner Zucker
1 TL Zimt
¼ TL Muskatnuss
2 EL Butter
½ Tasse Wasser

Nährwerte p. P.

162 kcal
15 g Kohlenhydrate
11 g Fett
4 g Protein

1 Waschen Sie die Äpfel gründlich und entfernen Sie das Kerngehäuse mit einem Apfelausstecher oder einem Messer. Achten Sie darauf, den Boden der Äpfel nicht durchzustechen.

2 In einer Schüssel die gehackten Nüsse, den braunen Zucker sowie Zimt und Muskatnuss vermischen.

3 Füllen Sie jede Apfelhöhle mit der Nussmischung und drücken Sie die Füllung mit einem Löffel leicht nach unten.

4 Legen Sie die gefüllten Äpfel in den Slow Cooker. Legen Sie auf jeden Apfel ein kleines Stück Butter.

5 Gießen Sie das Wasser in den Slow Cooker um die Äpfel herum, um zu verhindern, dass sie austrocknen.

6 Kochen Sie die Bratäpfel 2-3 Stunden auf niedriger Stufe im Slow Cooker, bis sie weich sind.

7 Servieren Sie die Bratäpfel heiß und genießen Sie sie mit Sahne oder Vanilleeis.

AMPLE BROWN BETTY

 6 Port.

 3 Std. 15 Min.

Leicht

Zutaten

6–8 Scheiben altbackenes Brot, in kleine Würfel geschnitten
4–5 Äpfel, geschält, entkernt und in Scheiben geschnitten
½ Tasse brauner Zucker
1 TL Zimt
¼ TL Muskatnuss
½ Tasse geschmolzene Butter
½ Tasse Wasser

Nährwerte p. P.

287 kcal
35 g Kohlenhydrate
16 g Fett
3 g Protein

1 Um ein köstliches Ample-Brown-Betty-Dessert im Slow Cooker zuzubereiten, sollten Sie wie folgt vorgehen:

2 Die Brotwürfel in den Slow Cooker geben. Anschließend die Apfelscheiben auf die Brotwürfel legen. In einer Schüssel den braunen Zucker mit Zimt und Muskatnuss vermischen und über die Äpfel streuen. Die geschmolzene Butter darübergießen und mit einem Löffel vorsichtig unter die Brot- und Apfelschichten mischen.

3 Fügen Sie das Wasser hinzu und decken Sie den Slow Cooker ab. Lassen Sie das Dessert für 2-3 Stunden auf niedriger Stufe im Slow Cooker kochen, bis die Äpfel weich sind. Servieren Sie das fertige Apple-Brown-Betty-Dessert zum Abschluss mit Sahne oder Vanilleeis.

CANDY AUS DEM SLOW COOKER

6 Port.

3,5 Std.

Leicht

Zutaten

2 Tassen Milchschokolade, gehackt
2 Tassen halbsüße Schokolade, gehackt
2 Tassen Erdnüsse, ungesalzen
1 Tasse Marshmallows
1 TL Vanilleextrakt

Nährwerte p. P.

450 kcal
44 g Kohlenhydrate
28 g Fett
9 g Protein

1 Kombinieren Sie alle Zutaten in einem Slow Cooker und mischen Sie sie gut durch.

2 Stellen Sie den Slow Cooker auf niedrige Temperatur und lassen Sie die Zutaten schmelzen. Das dauert in der Regel 1 - 2 Stunden.

3 Rühren Sie die Schokoladenmischung alle 30 Minuten vorsichtig um, damit sie gleichmäßig schmilzt.

4 Wenn die Schokolade vollständig geschmolzen ist, rühren Sie die Mischung noch einmal um, damit sich alle Zutaten gut vermischen.

5 Legen Sie ein Backblech mit Pergamentpapier aus und geben Sie die Schokoladenmischung mit einem Löffel darauf.

6 Lassen Sie das Slow Cooker-Candy auf Raumtemperatur abkühlen und härten Sie es anschließend im Kühlschrank aus. Dies dauert etwa 1 Stunde.

7 Brechen Sie das Slow Cooker-Candy in kleine Stücke und servieren Sie es.

PANNA COTTA

4 Port.

6 Std.
15 Min.

Leicht

Zutaten

2 Tassen Sahne
1 Tasse Milch
½ Tasse Zucker
2 TL Vanilleextrakt
2 TL Gelatinepulver
¼ Tasse Wasser

Nährwerte p. P.

357 kcal
22 g Kohlenhydrate
29 g Fett
4 g Protein

1 Geben Sie Sahne, Milch, Zucker und Vanilleextrakt in den Slow Cooker und rühren Sie alles gut um.

2 Stellen Sie den Slow Cooker auf niedrige Temperatur und lassen Sie die Mischung ca. 2 Stunden köcheln.

3 Mischen Sie in einer kleinen Schüssel das Gelatinepulver mit Wasser und lassen Sie es 5 Minuten quellen.

4 Fügen Sie die gequollene Gelatine der Sahne-Mischung hinzu und rühren Sie gut um, bis sie sich vollständig aufgelöst hat.

5 Gießen Sie die Mischung in kleine Dessertgläser oder Schälchen und lassen Sie sie mindestens 4 Stunden im Kühlschrank fest werden.

CHOCOLATE CARAMEL CAKE

4 Port.

3 Std.
15 Min.

Leicht

Zutaten

1 ½ Tassen Allzweckmehl
¾ Tasse ungesüßtes Kakaopulver
2 TL Backpulver
1 TL Salz
1 ½ Tassen brauner Zucker
1 Tasse Milch
½ Tasse Pflanzenöl
2 TL Vanilleextrakt
½ Tasse Karamellsoße
1 ¾ Tassen kochendes Wasser

Nährwerte p. P.

402 kcal
58 g Kohlenhydrate
18 g Fett
4 g Protein

1 Kombinieren Sie in einer Schüssel Mehl, Kakaopulver, Backpulver und Salz.

2 In einer separaten Schüssel mixen Sie braunen Zucker, Milch, Pflanzenöl und Vanilleextrakt.

3 Fügen Sie die trockenen Zutaten in die feuchten Zutaten und rühren Sie, bis alles gut vermischt ist. Rühren Sie die Karamellsoße in den Teig.

4 Gießen Sie den Teig in den Slow Cooker und streichen Sie ihn glatt.

5 Gießen Sie kochendes Wasser über den Teig und lassen Sie es auf niedriger Stufe im Slow Cooker kochen, bis der Kuchen fest und durchgebacken ist (ca. 2 - 3 Stunden).

6 Lassen Sie den Kuchen etwas abkühlen und servieren Sie ihn warm mit Sahne oder Vanilleeis.

BLACKBERRY COBBLER

4 Port. | 6 Std. 15 Min. | Leicht

Zutaten

4 Tassen frische oder gefrorene Brombeeren
½ + ¼ Tasse Kristallzucker
1 EL Zitronensaft
1 Tasse Allzweckmehl
1 TL Backpulver
¼ TL Salz
¼ Tasse kalte Butter, in kleine Stücke geschnitten
¼ Tasse heißes Wasser

Nährwerte p. P.

221 kcal
40 g Kohlenhydrate
7 g Fett
3 g Protein

1 Geben Sie die Brombeeren in den Slow Cooker und vermengen Sie diese mit ½ Tasse Zucker und Zitronensaft.

2 Vermengen Sie in einer Schüssel Mehl, ¼ Tasse Zucker, Backpulver und Salz.

3 Fügen Sie die Butterstücke hinzu und vermengen Sie diese mit einer Gabel oder einem Teigmischer, bis die Mischung krümelig wird.

4 Geben Sie das heiße Wasser hinzu und vermengen Sie alles gut.

5 Streuen Sie die Krümelmasse über die Brombeeren.

6 Decken Sie den Slow Cooker ab und kochen Sie den Blackberry Cobbler auf hoher Stufe für 2-3 Stunden oder auf niedriger Stufe für 4-6 Stunden, bis der Teig durchgebacken ist und die Brombeeren weich sind.

7 Servieren Sie den Blackberry Cobbler warm. Guten Appetit!

Getränke

FRISCHER HOLUNDERSAFT

4 Port.

6 Std.

Leicht

Zutaten

1 kg Holunderbeeren
1 ½ l Wasser
500 g Zucker
2 Zimtstangen
2 Sternanis
Saft von 1 Zitrone

Nährwerte p. P.

100 kcal
25 g Kohlenhydrate
0 g Fett
0 g Protein

1 Sie waschen die Holunderbeeren gründlich, entfernen die Stiele und geben sie in den Slow Cooker. Fügen Sie Wasser hinzu und lassen Sie die Beeren bei niedriger Hitze für 3-4 Stunden kochen, bis sie weich sind.

2 Passieren Sie die Beeren durch ein Sieb oder ein Tuch, um den Saft aufzufangen. Geben Sie den Saft zurück in den Slow Cooker und fügen Sie Zucker, Zimtstangen und Sternanis hinzu. Gut umrühren.

3 Stellen Sie den Slow Cooker auf hohe Hitze und lassen Sie den Saft für 2 Stunden köcheln, bis er dickflüssig wird. Nehmen Sie den Saft vom Herd und fügen Sie Zitronensaft hinzu. Umrühren.

4 Passieren Sie den Saft durch ein Sieb oder ein Tuch, um ihn von den Gewürzen zu befreien. Füllen Sie den Saft in sterilisierte Flaschen und bewahren Sie ihn im Kühlschrank auf.

5 Genießen Sie den Holundersaft pur oder verdünnt mit Wasser oder Sprudelwasser.

GLÜHWEIN AUS DEM POT

4 Port. 6 Std. Leicht

Zutaten

½ Tasse brauner Zucker
1 Orange, in Scheiben geschnitten
1 Zitrone, in Scheiben geschnitten
2 Zimtstangen
4 Nelken
2 Sternanis

Optional:
¼ TL Muskatnuss

Nährwerte p. P.

167 kcal
19 g Kohlenhydrate
0 g Fett
0 g Protein

1 Gießen Sie den Rotwein in den Slow Cooker. Fügen Sie den braunen Zucker hinzu und rühren Sie um, bis dieser sich aufgelöst hat.

2 Fügen Sie die Orangen- und Zitronenscheiben hinzu. Fügen Sie die Zimtstangen, Nelken und Sternanis hinzu. Optional können Sie auch eine Prise Muskatnuss hinzufügen.

3 Rühren Sie die Zutaten im Slow Cooker gut um. Stellen Sie den Slow Cooker auf niedrige Hitze und lassen Sie den Glühwein für 2-3 Stunden köcheln, damit sich die Aromen gut vermischen.

4 Wenn der Glühwein fertig ist, entfernen Sie die Gewürze und Früchte mit einem Sieb.

5 Servieren Sie den Glühwein heiß und garnieren Sie ihn nach Belieben mit Orangen- oder Zitronenscheiben und Zimtstangen.

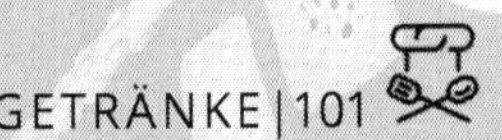

BUTTERBEER-RUM

4 Port. 3,5 Std. Leicht

Zutaten

1 l Apfelwein
2 Tassen Ginger Ale
1 Tasse brauner Zucker
½ Tasse Butter, in kleine Stücke geschnitten
2 TL Zimt
1 TL Muskatnuss
½ TL Ingwerpulver
1 Tasse Rum

Nährwerte p. P.

318 kcal
40 g Kohlenhydrate
8 g Fett
0 g Protein

1 Gießen Sie Apfelwein und Ginger Ale in den Slow Cooker. Fügen Sie den braunen Zucker und die Butter hinzu und rühren Sie, bis sich alles aufgelöst hat.

2 Geben Sie Zimt, Muskatnuss und Ingwerpulver hinzu und rühren Sie erneut um.

3 Decken Sie den Slow Cooker ab und lassen Sie das Getränk auf niedriger Stufe für 2 – 3 Stunden köcheln, bis es heiß ist und die Aromen sich vermischt haben. Fügen Sie den Rum hinzu und rühren Sie noch einmal um.

4 Lassen Sie das Getränk weitere 10 – 15 Minuten im Slow Cooker erhitzen, um den Alkohol zu integrieren und das Butterbeer zu erwärmen.

5 Servieren Sie das heiße Butterbeer in Tassen und genießen Sie es sofort.

ERFRISCHENDER MOJITO

4 Port.

3,5 Std.

Leicht

Zutaten

1 Tasse Minze, gehackt
1 Tasse Zucker
1 Tasse Limettensaft
1 Tasse Rum
4 Tassen Sprudelwasser
Eiswürfel

Nährwerte p. P.

450 kcal
65 g Kohlenhydrate
0 g Fett
0 g Protein

1 Kombinieren Sie die gehackte Minze, den Zucker, den Limettensaft und den Rum im Slow Cooker und rühren Sie alles gut durch.

2 Stellen Sie den Slow Cooker auf niedrige Temperatur und lassen Sie die Mischung 2-3 Stunden köcheln, damit sich die Aromen gut verbinden.

3 Rühren Sie die Mischung alle 30 Minuten um, um sicherzustellen, dass sich der Zucker gut auflöst.

4 Fügen Sie das Sprudelwasser hinzu und rühren Sie vorsichtig um.

5 Servieren Sie den Mint-Mojito in Gläsern mit Eiswürfeln und garnieren Sie ihn mit einem Zweig frischer Minze.

Soßen, Dips & Aufstriche

BOHNEN-KRÄUTER-AUFSTRICH

8 Port.

3 Std. 10 Min.

Leicht

Zutaten

2 Dosen weiße Bohnen, abgetropft und abgespült
½ Tasse pflanzliche Milch (z. B. Mandelmilch)
2 Knoblauchzehen, gehackt
2 EL Olivenöl
1 TL Salz
¼ TL Pfeffer

Optional:
frische Kräuter (z. B. Petersilie, Schnittlauch) zum Garnieren

Nährwerte p. P.

140 kcal
16 g Kohlenhydrate
5 g Fett
7 g Protein

1 Geben Sie weiße Bohnen, pflanzliche Milch, Knoblauch, Olivenöl, Salz und Pfeffer in den Slow Cooker.

2 Vermischen Sie alles gut, bis die Bohnen vollständig mit den anderen Zutaten bedeckt sind.

3 Stellen Sie den Slow Cooker auf niedrige Hitze ein und lassen Sie den Aufstrich 2 – 3 Stunden lang kochen, bis die Bohnen weich sind.

4 Nehmen Sie den Slow Cooker vom Herd und pürieren Sie den Aufstrich mit einem Pürierstab oder in einem Mixer, bis eine glatte Masse entsteht.

Optional: Garnieren Sie den Aufstrich mit frischen Kräutern.

ZWIEBEL-LINSEN-AUFSTRICH

8 Port.

6 Std.
10 Min.

Leicht

Zutaten

1 Tasse rote Linsen, abgespült und abgetropft
1 Zwiebel, fein gehackt
2 Knoblauchzehen, fein gehackt
1 Karotte, geschält und fein gehackt
2 EL Tomatenmark
1 TL Kreuzkümmel
1 TL Paprikapulver
¼ TL Cayennepfeffer
½ TL Salz
3 Tassen Gemüsebrühe

Optional:
frische Petersilie zum Garnieren

1 Geben Sie rote Linsen, Zwiebel, Knoblauch, Karotte, Tomatenmark, Kreuzkümmel, Paprikapulver, Cayennepfeffer, Salz und Gemüsebrühe in den Slow Cooker.

2 Vermischen Sie alles gut, bis die Linsen und das Gemüse vollständig mit den anderen Zutaten bedeckt sind.

3 Stellen Sie den Slow Cooker auf niedrige Hitze ein und lassen Sie den Aufstrich 4 – 6 Stunden lang kochen, bis die Linsen und das Gemüse weich sind.

4 Nehmen Sie den Slow Cooker vom Herd und pürieren Sie den Aufstrich mit einem Pürierstab oder in einem Mixer, bis eine glatte Masse entsteht.

Nährwerte p. P.

124 kcal
21 g Kohlenhydrate
1 g Fett
7 g Protein

Optional: Garnieren Sie den Aufstrich mit frischer Petersilie.

MEDITERRANER TOMATEN-ÖL-AUFSTRICH

8 Port. | 6 Std. 10 Min. | Leicht

Zutaten

1 Dose getrocknete Tomaten, in Öl eingelegt
1 Dose Kichererbsen, abgespült und abgetropft
2 Knoblauchzehen, fein gehackt
50 ml Olivenöl
50 ml Tasse Wasser
1 TL getrockneter Oregano
1 TL getrocknetes Basilikum
½ TL Salz

Optional:
Pinienkerne zum Garnieren

Nährwerte p. P.

159 kcal
12 g Kohlenhydrate
11 g Fett
4 g Protein

1 Geben Sie getrocknete Tomaten, Kichererbsen, Knoblauch, Olivenöl, Wasser, Oregano, Basilikum und Salz in den Slow Cooker.

2 Vermischen Sie alles gut, bis alle Zutaten vollständig miteinander vermischt sind.

3 Stellen Sie den Slow Cooker auf niedrige Hitze ein und lassen Sie den Aufstrich 4 – 6 Stunden lang kochen, bis die Zutaten weich sind.

4 Nehmen Sie den Slow Cooker vom Herd und pürieren Sie den Aufstrich mit einem Pürierstab oder in einem Mixer, bis eine glatte Masse entsteht.

Optional: Garnieren Sie den Aufstrich mit Pinienkernen.

AMERICAN BURGER-SOẞE

8 Port.

3 Std.
10 Min.

Leicht

Zutaten

1 Tasse Ketchup
50 g brauner Zucker
100 ml Apfelessig
1 EL Worcestershire-Soße
1 TL Senfpulver
1 TL Knoblauchpulver
¼ TL Zwiebelpulver
¼ TL Paprikapulver
¼ TL Salz
¼ TL Pfeffer

Nährwerte p. P.

45 kcal
11 g Kohlenhydrate
0 g Fett
0 g Protein

1 Geben Sie alle Zutaten in den Slow Cooker und rühren Sie sie gut um, bis sie vollständig vermischt sind.

2 Stellen Sie den Slow Cooker auf niedrige Hitze ein und lassen Sie die Soße 2 – 3 Stunden lang köcheln, bis sie dick und würzig ist.

3 Rühren Sie die Soße gelegentlich um, um sicherzustellen, dass sie nicht anbrennt.

4 Probieren Sie die Soße und passen Sie die Gewürze bei Bedarf an.

5 Nehmen Sie die Soße aus dem Slow Cooker und lassen Sie sie abkühlen, bevor Sie sie servieren.

MARONEN-SAHNESOßE

8 Port.

5,5 Std.

Leicht

Zutaten

300 g Maronen (vorgegart und geschält)
1 Zwiebel, gehackt
2 Knoblauchzehen, gehackt
1 EL Olivenöl
25 0ml Gemüsebrühe
150 ml Sahne (vegane Alternative möglich)
1 TL Thymian
½ TL Salz
¼ TL Pfeffer

Nährwerte p. P.

169 kcal
13 g Kohlenhydrate
12 g Fett
2 g Protein

1 Geben Sie Maronen, Zwiebel und Knoblauch in den Slow Cooker und gießen Sie das Olivenöl darüber.

2 Fügen Sie die Gemüsebrühe hinzu und rühren Sie alles um. Stellen Sie den Slow Cooker auf niedrige Hitze ein und lassen Sie das Gericht 4-5 Stunden lang köcheln, bis die Maronen weich sind.

3 Geben Sie die Sahne und die Gewürze in den Slow Cooker und rühren Sie alles gut um. Lassen Sie die Soße weitere 30 Minuten köcheln.

4 Nehmen Sie die Soße aus dem Slow Cooker und pürieren Sie sie mit einem Pürierstab, bis sie glatt ist.

5 Probieren Sie die Soße und passen Sie die Gewürze bei Bedarf an.

KÄSE-DIP FÜR NACHOS

8 Port.

3 Std.
15 Min.

Leicht

Zutaten

450 g geriebener Cheddarkäse
1 Dose gehackte Tomaten, abgetropft
250 ml Milch
200 ml saure Sahne
1 gehackte Paprika
50 gehackte Jalapeño-Pfeffer
1 TL Knoblauchpulver
1 TL Zwiebelpulver
Salz und Pfeffer nach Geschmack

Nährwerte p. P.

232 kcal
4 g Kohlenhydrate
18 g Fett
13 g Protein

1 Geben Sie geriebenen Cheddarkäse, gehackte Tomaten, Milch, saure Sahne, Paprika, Jalapeño-Pfeffer, Knoblauchpulver und Zwiebelpulver in den Slow Cooker und vermischen Sie alles gut.

2 Stellen Sie den Slow Cooker auf niedrige Hitze ein und lassen Sie den Käsedip für 2-3 Stunden köcheln, bis der Käse vollständig geschmolzen und alle Zutaten gut miteinander vermengt sind.

3 Vor dem Servieren können Sie den Dip mit Salz und Pfeffer abschmecken und gegebenenfalls mehr Gewürze hinzufügen.

4 Servieren Sie den Käsedip in einer Schüssel und genießen Sie ihn mit Tortilla-Chips oder Gemüsesticks.

5 Beachten Sie, dass der Dip im Slow Cooker warmgehalten werden kann, während er serviert wird, um ihn schön cremig zu halten. Wenn der Dip zu dick ist, können Sie noch etwas Milch hinzufügen, um ihn zu verdünnen.

APERO-DIP

8 Port.

3,5 Std.

Leicht

Zutaten

250 g Frischkäse
150 g saure Sahne
100 g Tasse geriebener Parmesan
100 g Tasse geriebener Gouda
1 Knoblauchzehe, gehackt
50 g Tasse gehackte Frühlingszwiebeln
50 g Tasse gehackte Petersilie
50 g Tasse gehackte Tomaten
Salz und Pfeffer nach Geschmack

Nährwerte p. P.

123 kcal
2 g Kohlenhydrate
10 g Fett
6 g Protein

1 Geben Sie alle Zutaten in den Slow Cooker und vermischen Sie sie gut miteinander.

2 Stellen Sie den Slow Cooker auf niedrige Hitze und lassen Sie den Dip für 2 – 3 Stunden köcheln, bis alle Zutaten gut vermischt sind und der Käse geschmolzen ist.

3 Bevor Sie den Dip servieren, schmecken Sie ihn mit Salz und Pfeffer ab und fügen bei Bedarf weitere Gewürze hinzu.

4 Servieren Sie den Dip in einer Schüssel und reichen Sie dazu Gemüsesticks, Cracker oder Brot.

5 Hinweis: Der Dip kann im Slow Cooker warmgehalten werden, während er serviert wird, um ihn schön cremig zu halten. Wenn der Dip zu dick ist, können Sie noch etwas Milch oder saure Sahne hinzufügen, um ihn zu verdünnen.